Vincent Zabus
Nicoby & Philippe Ory

Nach dem Roman von
Jostein Gaarder

Sofies Welt

VINCENT ZABUS
NICOBY & PHILIPPE ORY

NACH DEM ROMAN VON
JOSTEIN GAARDER

Sofies Welt

ODER DIE GESCHICHTE DER PHILOSOPHIE

BIS HEUTE

AUS DEM FRANZÖSISCHEN VON
INA KRONENBERGER

HANSER

KNARRR
KLACK

NEIN?
DOCH!
O NEIN?!?
O DOCH.
DOCH, DOCH.
SICHER? HAST DU'S GESEHEN?
WENN ICH ES IHNEN SAGE.
VIELLEICHT HABEN DICH DEINE SINNE GETÄUSCHT ...
DAS GLAUBE ICH NICHT.
PLATSCH
SPRITZ

GRRR!
PLATSCH
PITSCH
PATSCH
PITSCH
ICH FASS ES NICHT! ICH FASS ES NICHT!
ICH FASS ES NICHT!
SIE WIEDERHOLEN SICH, ALBERTO.
GUT, ICH REKAPITULIERE NOCH MAL: DU HAST IN DER HÜTTE AM SEE IN EINEM KLEINEN VERSCHLOSSENEN SCHRÄNKCHEN, DESSEN SCHUBLADE DU AUFGEBROCHEN HAST, EINE KISTE MIT ZEICHNUNGEN GEFUNDEN, UND DARIN …
KOMMEN SIE ZUM PUNKT.
ICH REKAPITULIERE!
DU HAST FESTGESTELLT, DASS WIR … DASS WIR LEDIGLICH …
… FIGUREN SIND …
… IN EINEM COMIC.
STELL DIR VOR, SOFIE, ICH EXISTIERE GAR NICHT! ICH BIN NUR EIN ELEKTROMAGNETISCHER IMPULS IM KOPF UNSERES AUTORS.
EINES COMIC-AUTORS!
WER SPRICHT DENN JETZT? ICH SELBST? ODER ER DURCH MICH!?
BEIDE, MEIN HERR.

NEIN?!
O DOCH!
GRRR! ICH BIN BLOß EINE MARIONETTE!!!
SEIEN SIE NICHT SO THEATRALISCH, ALBERTO.
ICH ZIEHE MICH NACKT AUS!
DANN WIRD SEIN COMIC FÜR JUGENDLICHE VERBOTEN, UND NIEMAND KAUFT IHN!
NICHT AUFREGEN, DAS NÜTZT NICHTS.
WAS SIE HIER TUN, WIRD AUCH VON IHM BESTIMMT.
WIE BITTE?
NICHT MAL MEINE WUT GEHÖRT MIR?!
„WENN EIN GEGENSTAND DER AUßENWELT DICH MISSMUTIG MACHT, SO IST ES NICHT JENER, DER DICH BEUNRUHIGT, SONDERN VIELMEHR DEIN URTEIL DARÜBER." MARK AUREL.
ICH BITTE DICH, SPIEL HIER NICHT DIE PHILOSOPHIN!
HABEN SIE MIR NICHT GENAU DAS BEIGEBRACHT, WERTER ALBERTO?

WOLLEN WIR DENN WEITER-PHILOSOPHIEREN, ALS WÄRE NICHTS PASSIERT?
JA, ERSTENS INTERESSIERT ES MICH, ...
... UND ZWEITENS, WENN DAS UNSER DASEINSZWECK IST, HABEN WIR SOWIESO KEINE WAHL.
ABER SOBALD ICH ALLES ETWAS MEHR DURCHDRUNGEN HABE, WERDE ICH VERSUCHEN, MEINE GRENZEN AUSZUTESTEN!
WAS GIBT ES DENN NOCH ZU DURCHDRINGEN?
PLUMPS
WIR WISSEN NACH WIE VOR NICHT, WER DIESE HILDE IST.
AUCH NICHT, WARUM SICH DIE COMIC-SEITEN IN DIESER HÜTTE BEFINDEN.
UND WER UNSER AUTOR IST.
IN EINER SCHUBLADE ...
DABEI WOLLTE ICH MICH NIE IN EINE SCHUBLADE STECKEN LASSEN!
LOS, ALBERTO.
AM ENDE VON BAND EINS HABEN SIE MIR VERSPROCHEN, VON DESCARTES ZU ERZÄHLEN!
TJA.
VERSTEHE.

KLACK
KLACK
AUFSTEHEN!
GESCHAFFT.
LEGEN SIE LOS!
TJA.
PLUMPS
OKAY.
HM.
VIELLEICHT GIBT ES NOCH EINE ANDERE MÖGLICHKEIT.

12. DESCARTES

ZACK
ALSO …
… RENÉ DESCARTES.
UNGLAUBLICH!
TOLLER PAWLOWSCHER REFLEX.
NUN JA, LETZTENDLICH REDE ICH LIEBER!
DANN BRAUCHE ICH MIR NICHT SO VIELE FRAGEN ZU STELLEN, DABEI IST DIES DAS WESEN DES PHILOSOPHEN. VOR ALLEM BEI DESCARTES!
RENÉ DESCARTES WURDE 1596 GEBOREN UND STARB 1650.

ES FÜHRT EINE DIREKTE LINIE VON SOKRATES UND PLATON ÜBER DEN HEILIGEN AUGUSTINUS HIN ZU DESCARTES.
ROUUUUUULLL
SIE WAREN ALLESAMT EINGEFLEISCHTE RATIONALISTEN. FÜR SIE BERUHTE ALLE SICHERE ERKENNTNIS ALLEIN AUF DER VERNUNFT.
Sokrates – Platon
Heiliger Augustinus
Descartes
DESCARTES GILT ALS BEGRÜNDER DER NEUZEITLICHEN PHILOSOPHIE. ER HAT ALS ERSTER EIN WAHRES PHILOSOPHISCHES SYSTEM ERSCHAFFEN.
1. Philosophisches System
KLACK KLACK
WÄHREND DIE WISSENSCHAFT ZU SEINER ZEIT EIN ANDERES WELTBILD ZEICHNET, TRÄUMT ER VON EINER PHILOSOPHIE, DIE DIE WELT ALS GANZES ERKLÄREN KANN.
QUIETSCH
ER VERSUCHT, MIT KLAREN UND ENTSCHIEDENEN IDEEN WISSEN ZU ERLANGEN, SO WIE DIE NEUE „NATURWISSENSCHAFT" ES MACHT. DESHALB ...
TABULA RASA!
RUMMMMSS

WEG MIT DER VERGANGENHEIT!
TATSÄCHLICH BERUHEN UNSERE URTEILE GRÖßTENTEILS AUF UNSEREN GEWOHNHEITEN UND GRÜNDEN AUF VORGEFASSTEN MEINUNGEN, DIE MAN UNS VERMITTELT HAT, OHNE DASS WIR SIE SELBST ÜBERPRÜFT HABEN.
AUF SIE IST KEIN VERLASS!
WIE SOLL MAN NUN AUF DIESEM LEEREN TISCH ETWAS AUFBAUEN?
„DIE METHODE"!
KNALL
ABHANDLUNG ÜBER DIE METHODE
„WAHR IST ALLES DAS, WAS ICH GANZ KLAR UND DEUTLICH EINSEHE."
ER GEHT VOM EINFACHEN AUS, UM ZUM KOMPLIZIERTEN ZU GELANGEN.
UND JEDEN SCHRITT GILT ES ZU ÜBERPRÜFEN UND ZU BESTÄTIGEN.
Einfach
Kompliziert
ER WENDET EINE MATHEMATISCHE METHODE AN, UM DIE GÜLTIGKEIT PHILOSOPHISCHER IDEEN ZU BEWEISEN.

ANDERERSEITS SIND WIR VON GEGENSTÄNDEN UMGEBEN, ...
... VON DENEN WIR ANNEHMEN, DASS SIE EXISTIEREN.
ABER EXISTIEREN DIESE UNS SO VERTRAUTEN GEGENSTÄNDE WAHRHAFTIG IN DER WELT?
TAPP
WO IST LETZTENDLICH DER BEWEIS DAFÜR, DASS ES DIESE LAMPE WIRKLICH GIBT?
WIR WISSEN UM DIE EXISTENZ DER WELT, WEIL WIR UNSEREN SINNEN GLAUBEN. MANCHMAL TÄUSCHEN SIE UNS ABER.
FRRR
FRRR
DIE SONNE, DIE WIR SEHEN, IST WINZIG KLEIN.
DABEI WISSEN WIR, DASS SIE RIESIG IST!
WOHER WISSEN WIR, DASS UNSERE VORSTELLUNG VON DER WELT NICHT EINE EINZIGE ILLUSION IST?
WOHER?

DAS WISSEN WIR SEHR GENAU.
UM SICHER ZU SEIN, MÜSSEN WIR ZUNÄCHST ALLE UNSERE VORSTELLUNGEN RADIKAL ANZWEIFELN, SELBST DIE VORSTELLUNG, ES GEBE EINE WELT AUßERHALB UNSERES BEWUSSTSEINS.
DAHER DIE TABULA RASA!
OBWOHL DESCARTES AN ALLEM ZWEIFELT, DRÄNGT SICH IHM EINE WAHRHEIT GANZ INTUITIV AUF.
DIE GEWISSHEIT: „ICH DENKE."
WÄHREND ICH ZWEIFLE, IST DAS EINZIGE, WAS ICH SICHER WEIß, DASS ICH ZWEIFLE!
DAS HEIßT, DASS ICH DENKE.
COGITO ERGO SUM.
ICH DENKE, ALSO BIN ICH!
FÜR DESCARTES IST DAS DENKENDE ICH EINLEUCHTENDER ...
TIPP TIPP
... ALS DIE VON UNSEREN SINNEN ERFASSTE MATERIELLE WELT!

ÄCHZ!
WER ZWEIFELT, IST SICH BEWUSST, DASS ER NICHT VOLL-KOMMEN IST. UND DIE …
KLICK
… VORSTELLUNG DIESER UNVOLLKOMMENHEIT KOMMT VON EINEM …
ÄCHZ!
… VOLLKOMMENEN WESEN!
MIT ANDEREN WORTEN VON …
… GOTT!
WAS DIE EXISTENZ GOTTES BEWEIST.
WARUM?
WEIL EIN VOLLKOMMENES WESEN NICHT VOLLKOMMEN SEIN KANN, WENN ES NICHT EXISTIERT!
UND NUR EIN VOLLKOMMENES WESEN KONNTE DIE VORSTELLUNG VON VOLLKOMMEN-HEIT IN MEINEN GEIST EIN-PFLANZEN.

HMM ...
DAS KLINGT IN SICH LOGISCH.
NA KLAR, DESCARTES IST RATIONALIST!
BEI IHM GEHT'S UM LOGIK DURCH DENKEN.
SPÄTER KOMMT ER AUCH DAHIN, AN DIE EXISTENZ DER ÄUßEREN WIRKLICHKEIT ZU GLAUBEN.
WARUM?
WEIL DIE ÄUßERE WIRKLICHKEIT ÜBER MATHEMATISCHE EIGENSCHAFTEN VERFÜGT, DIE WIR MIT DER VERNUNFT ERKENNEN KÖNNEN.
WIE ZUM BEISPIEL, DASS GEGENSTÄNDE EINE HÖHE HABEN, DIE SICH BERECHNEN LÄSST!
UND WENN UNSERE VERNUNFT UNS NICHT TÄUSCHT, WENN WIR ETWAS KLAR UND DEUTLICH ERKENNEN, DANN LIEGT ES DARAN, DASS GOTT, DER VOLLKOMMEN IST, UNS NICHT ZUM NARREN HÄLT.
TJA ...
... DER TYP WAR JA TOTAL VERKOPFT!
JA, ABER NICHT NUR!

?!
GUTEN TAG!
HERR DESCARTES?
HÖCHSTSELBST! ICH GREIFE HIER EIN, WEIL SIE MICH ALS UNRÜHMLICHE FIGUR DARSTELLEN, EINEN IN SEINEN GEDANKEN GEFANGENEN RATIONALISTEN.
ICH SPRECHE ABER AUCH VOM KÖRPER.
VOM VERHÄLTNIS ZWISCHEN KÖRPER UND SEELE!
FRÜHER WAR ES ÜBLICH, WIE ARISTOTELES ZU DENKEN, DIE SEELE SEI EINE ART ODEM, DER ALLEN LEBEWESEN LEBEN EINHAUCHT UND UNTRENNBAR MIT DEM KÖRPER VERBUNDEN IST.
ABER IM 17. JAHRHUNDERT UNTERSCHEIDE ICH WIE AUCH ANDERE PHILOSOPHEN RADIKAL ZWISCHEN KÖRPER UND SEELE!
ICH DENKE, ...
DIE WORTE „ICH DENKE!" SAGE ICH GERN!
... DASS DIE SEELE NICHT TEIL UNSERER KÖRPERMASCHINERIE SEIN KANN!
PLOPP
WIE PLATON BIN ICH DAVON ÜBERZEUGT, DASS GEIST UND MATERIE ETWAS VERSCHIEDENES SIND.
SEELE || KÖRPER

DIE WECHSELWIRKUNG ZWISCHEN KÖRPER UND SEELE KANN ICH ABER NICHT LEUGNEN.
SEELE || KÖRPER
DAHER ERKENNE ICH AN, DASS EINE SEELE, SOLANGE SIE IN EINEM KÖRPER WOHNT, DANK EINER SPEZIELLEN DRÜSE IM GEHIRN MIT DIESEM VERBUNDEN IST.
HIER!
LE || KÖRPER
UND DASS DIE SEELE VON DEN UNTERSCHIEDLICHSTEN AFFEKTEN BERÜHRT WERDEN KANN, DIE KÖRPERLICHE BEDÜRFNISSE BETREFFEN.
SEELE || KÖRPER
ABER DAS ZIEL IST IMMER, DER SEELE DIE VORHERRSCHAFT ZU ÜBERLASSEN.
DENN DIE VERNUNFT, ALSO DIE SEELE, KANN NICHT ALT UND SCHWACH WERDEN WIE UNSER KÖRPER.
SEELE || KÖRPER
KLOPF KLOPF
IN DEN FOLGENDEN 150 JAHREN INTERESSIERT MAN SICH FÜR DIE BEIDEN ZENTRALEN FRAGEN DESCARTES': WIE LÄSST SICH EIN PHILOSOPHISCHES GESAMTSYSTEM ERSTELLEN? WELCHE BEZIEHUNG BESTEHT ZWISCHEN KÖRPER UND SEELE?
GENAU.
MAN KANN SAGEN, ICH HABE DER PHILOSOPHIE MEINEN STEMPEL AUFGEDRÜCKT!

SCHWIRR
INTERESSANT, ABER AUCH ZIEMLICH ABSTRAKT, DIESER GEDANKE VON DESCARTES.
AUF SEITE 22 BIN ICH NOCH ETWAS EINGEROSTET!
UND SIE WAREN GERADEZU AM SCHWÄRMEN.
ETWAS PARADOX, MIT SO VIEL LEIDENSCHAFT ÜBER DIE VERNUNFT ZU SPRECHEN, ODER?
HAHA! ABER TROTZ SEINES RATIONALISMUS HAT DESCARTES AUCH EIN „TRAKTAT ÜBER DIE LEIDENSCHAFTEN" VERFASST.
DIE LEIDENSCHAFTEN DER SEELE
IHM GEHT ES DABEI WENIGER DARUM, LEIDENSCHAFTEN ABZULEHNEN, ALS SIE ZU NUTZEN, DENN ER SIEHT SIE ALS QUELLE DER SANFTMUT UND DER GLÜCKSELIGKEIT. IM ÜBRIGEN WAR ER SEHR VERLIEBT IN EINE HOLLÄNDISCHE DIENERIN, MIT DER ER EINE TOCHTER HATTE, DIE SEHR JUNG GESTORBEN IST!
UND DAS IST NOCH NICHT ALLES, ...
... DENN DESCARTES ...
STOPP, ALBERTO!

AUSZEIT ...
PAUSE.
ICH BRAUCHE JETZT MEHR KÖRPER UND WENIGER GEIST!
HMMMMM MMMM.
KRR
KRR
VERTRETEN WIR UNS EIN BISSCHEN DIE BEINE.
?!
WAS IST DAS DENN?
KEINE AHNUNG.

KLICK
QUIETSCH
WAS MACHST DU DA?
DIE BOTSCHAFT IST JA KLAR, ODER?
ICH GEHE DURCH DIESE TÜR! DAS ERWARTET UNSER AUTOR DOCH VON UNS.

JA, ABER OB DAS AUCH SCHLAU IST, SOFIE?
SOFIE?

ERKENNEN SIE IHREN HAUSFLUR WIEDER, ALBERTO?
NUN JA ...
ES IST DAS GLEICHE PARKETT, DIE GLEICHE DEKO.
ABER ER IST VIEL LÄNGER!
BUMM
?!?
SCHON WIEDER!

KÖNNEN SIE HINGEHEN, WOHIN SIE WOLLEN?
SCHEINBAR NICHT!
WARUM?
WIR KOMMEN NICHT WEITER. WIE SCHADE!
HUI
IST ES WIRKLICH VERNÜNFTIG WEITERZUGEHEN, SOFIE?
MIT JEDER TÜR SCHEINE ICH TIEFER IN BISHER UNBEKANNTES EINZUTAUCHEN.
DIE PHILOSOPHIE IST EIN ABENTEUER.
JA, EIGENTLICH ABER DES GEISTES.

HUI''''''
IHR HAUS SPIELT MIT UNS, ALBERTO.
GENAU! DAS BESONDERE AN IHRER SITUATION IST: IHNEN IST BEWUSST, DASS SIE NICHT ENTSCHEIDEN KÖNNEN, WOHIN SIE GEHEN. DAS IST EHER SELTEN.
HUI''''''
SIE MÜSSEN WISSEN, DASS AUCH DIE KOMPLEXESTEN DINGE STETS VON ETWAS ÄUßEREM GESTEUERT WERDEN, DAS ÜBER IHRE EXISTENZ UND IHR HANDELN BESTIMMT.
UND JA, OFT WÄHNT DIESES ÄUßERE SICH FREI IN SEINER ENTSCHEIDUNG ... DEM IST NICHT SO.
HUI''''''
ES GLAUBT, FREI ZU SEIN, WEIL ES NICHT WEIß, WODURCH ES BESTIMMT WIRD.
OKAY. UNS IST JEDENFALLS SEHR BEWUSST, DASS WIR ALLES ANDERE ALS FREI SIND!

13. SPINOZA
1632 - 1677
„Wer also glaubt, er rede oder schweige oder tue sonst etwas infolge eines freien Beschlusses seiner Seele, der träumt mit offenen Augen."
...

ICH, SPINOZA, GEHÖRTE ZUR JÜDISCHEN GEMEINDE IN AMSTERDAM.
ICH WAR DER ANSICHT, DAS CHRISTENTUM UND DAS JUDENTUM BERUHTEN NUR NOCH AUF STARREN DOGMEN UND SINNENTLEERTEN RITUALEN.
ICH BESTRITT DIE VORSTELLUNG, DIE BIBEL SEI BIS INS LETZTE DETAIL VON GOTT INSPIRIERT.
ICH BEHAUPTETE, MAN MÜSSE SICH STETS VOR AUGEN HALTEN, IN WELCHER ZEIT DIE BIBEL GESCHRIEBEN WURDE.
DAFÜR WURDE ICH VON MEINER GEMEINDE AUSGESCHLOSSEN UND DURFTE KEINE JUDEN MEHR TREFFEN.
ICH HABE MICH IN EIN DORF ZURÜCKGEZOGEN UND BIN LINSENSCHLEIFER GEWORDEN. DER PHILOSOPHIE HABE ICH MICH IM KREISE BEFREUNDETER DENKER GEWIDMET, MIT DENEN ICH MEIN WERK VERFASST HABE.
DAS IST JA KLASSE! STEIGEN WIR EIN …
… IN SEINE GEDANKEN!
WENN ICH NUR KÖNNTE …

ÄCHZ!
IHR HAUS IST ECHT SPEZIELL, ALBERTO. ES KOMMT EINEM FAST LEBENDIG VOR.
ICH WERDE UMZIEHEN.
ES TUT ALLES, UM UNSERE PHILOSOPHISCHEN THEMEN ZU VERANSCHAULICHEN.
ALBERTO!?!
WAS IST DAS?
TSCHP
TSCHP
UAAAAH
UAAAH

WUMMM
KÖNNTEN SIE DIE SITUATION VIELLEICHT BESSER IM GRIFF HABEN?
LEIDER NICHT.
HATTE DIESER LÖWE EINE WAHL, OB ER DIE ANTILOPE FRISST?
OH, PARDON. ICH WOLLTE NUR, DASS MAN MICH GUT HÖRT.
ICH MACH AUS!
KLICK
GANZ RUHIG, SOFIE, DAS IST BLOß SPINOZA.
JA, ICH WEIß!
ABER NUR WEIL MAN BERÜHMT IST, HAT MAN NOCH LANGE NICHT DAS RECHT, ANDEREN ANGST EINZUJAGEN!
HAT DIESER LÖWE DIE MÖGLICHKEIT, VEGETARIER ZU SEIN, SOFIE?
NEIN. ICH DENKE NICHT.
IN DER TAT. DER LÖWE MUSS ENTSPRECHEND SEINER NATUR LEBEN. ENTSPRECHEND DEN NATURGESETZEN. AUS NOTWENDIGKEIT.
ALLES AUF DER WELT GESCHIEHT AUS NOTWENDIGKEIT.
WIR SOLLEN IHM WOHL FOLGEN.
SCHON KLAR. ICH WEIß NUR NICHT, OB DAS EINE GUTE IDEE IST.

SAGEN SIE, HERR SPINZOA ...
NENN MICH BARUCH, DAS IST MEIN VORNAME.
BARUCH, HABEN SIE NOCH MEHR SOLCHER SPEZIALEFFEKTE AUF LAGER?
ICH GLAUBE, DIE WELT IST UNUMSTÖßLICHEN, NOTWENDIGEN UND REGELMÄßIGEN MATHEMATISCHEN GESETZEN UNTERWORFEN.
DETERMINIST

PUH! DAS IST JA EINE KOMPLIZIERTE FORMULIERUNG, BARUCH, GEHT'S NICHT EINFACHER?
GLEICHE URSACHEN HABEN DIE GLEICHE WIRKUNG.
DAS HEIẞT?
DAS HEIẞT, DASS DIE SONNE JEDEN MORGEN AUFGEHT.
UND DIESER FÜLLER …
… IMMER NACH UNTEN FALLEN WIRD.
DER MENSCH IST WIE EIN FALLENDER FÜLLER.
HUUII
ER IST GENAUSO TEIL DER NATUR WIE ALLES ANDERE UND UNTERSCHEIDET SICH IN NICHTS VON ANDEREN ELEMENTEN DER NATUR.

WOW!
JETZT STEHT SOGAR EIN BAUM IN MEINEM HAUS.
DER MENSCH IST NICHT FREIER ALS EIN KULLERNDER STEIN ODER EINE KRIECHENDE SCHNECKE.

ABER ER ERLIEGT DER ILLU-SION, FREIER ZU SEIN, WEIL ER NICHT WEIß, WODURCH ER BESTIMMT WIRD.

UND DA DER MENSCH GLAUBT, ÜBER DIE NATUR ZU HERRSCHEN, UNTERWIRFT ER DIE ERDE SEINEN BEDÜRFNISSEN.
ZIPP

OOOOH!
DER MENSCH GLAUBT, AUF DER ERDE EINEN BESONDEREN PLATZ INNEZUHABEN, DABEI IST DAS MITNICHTEN DER FALL.
JA, DESHALB VERBRAUCHT DIE MENSCHHEIT INNERHALB VON EINEM HALBEN JAHR DIE RESSOURCEN, DIE DER PLANET IN EINEM JAHR PRODUZIERT, UND LEBT DIE RESTLICHEN SECHS MONATE AUF PUMP.
DER MENSCH SOLLTE DIE GRENZEN SEINER NATUR AKZEPTIEREN.
UND DA ES UNTER ANDEREM ZUR MENSCHLICHEN NATUR GEHÖRT, AUF EINEM PLANETEN MIT BEGRENZTEN RESSOURCEN ZU LEBEN, SOLLTE ER SEIN VERHALTEN AN DIESE REALITÄT ANPASSEN.

ALBERTO, WENN ICH DAS NÄCHSTE MAL EINEN TYPEN VOR MIR HABE, DER IN SEINEM SUV DURCH DIE GEGEND RAST UND DIE UMWELT VERPESTET, KOMME ICH IHM MIT SPINOZA! DANN IST ER STILL!
EINS FRAGE ICH MICH ABER DOCH ... WO BLEIBT BEI ALLEDEM DER FREIE WILLE?
SIND WIR KOMPLETT FREMDBESTIMMT?
IN MEINEN AUGEN SIND WIR FREI, WENN WIR UNSERE VORHANDENEN MÖGLICHKEITEN ENTWICKELT HABEN.
SCHAU DIR DIESEN OBSTBAUM AN. DA ER MIT GUTER ERDE, AUSREICHEND LICHT UND WASSER VERSORGT IST, HAT ER DAS MAXIMUM SEINER MÖGLICHKEITEN ALS OBSTBAUM AUSGESCHÖPFT.
ICH ERACHTE IHN DAHER FÜR FREI.
DENN INDEM WIR VOLL UND GANZ ERFÜLLEN, WAS WIR SIND UND WOZU WIR ERSCHAFFEN WURDEN, SIND WIR WIRKLICH VOLLKOMMEN FREI.

DEM GLÜCK KOMMT IN MEINEM DENKEN EIN ZENTRALER PLATZ ZU.
FÜR MICH IST DAS WESEN DES MENSCHEN DIE SUCHE NACH GLÜCK.
ZIPP
EIN GLÜCKLICHER MENSCH SUCHT NACH DEM GLÜCK, FÜR DIE ANDEREN WIE FÜR SICH SELBST.
UND SEIN GLÜCK VERDANKT ER SEINER WACHSENDEN MACHT.
WISCH
SAGEN SIE, ALBERTO. SIND SIE EIN MENSCH?
WIE BITTE?
UNBE-DINGT!
DER MENSCH, DESSEN WESEN DAS BEGEHREN IST, HAT DIE LEBENSFREUDE ZUR BESTIMMUNG.
ACH JA!
EIN GROẞES BEGEH-REN ...
ER STÖẞT JEDOCH AN ÄUẞERE KRÄFTE, DIE LEIDENSCHAFTEN HERVORBRINGEN, WIE TRAURIG-KEIT, ...
UND WOZU DAS ALLES?
SEUFZ
... HASS UND ANGST, DIE DEM GLÜCK IM WEGE STEHEN.
UND WENN IN DIESEM APFEL EIN WURM IST?
DAS SOLL ÖFTER VORKOMMEN.
FOLGLICH MUSS MAN SICH AUS DER KNECHTSCHAFT DER LEIDENSCHAF-TEN BEFREIEN, NICHT DURCH UNTERDRÜCKEN DES BEGEHRENS, SONDERN DURCH REFLEXION.
DANKE FÜR DAS LICHT!
KEIN WURM ZU SEHEN!

EIN GLÜCKLICHES LEBEN IST DAHER KEINE FRUCHT DES INSTINKTS, SONDERN DER REFLEXION, DIE DAS BEGEHREN ERLEUCHTET UND ANLEITET.
EXAKT!
KNACK
KNACK
KNACK
VOR ALLEM, SOFIE, ...
... MIT DER LIEBE ALS STETEM QUELL DER FREUDE.
STIMMT. LIEBE MACHT LUST!
ZUM GLÜCK KÖNNEN WIR DIE LETZTEN SEITEN NOCH EINMAL LESEN, WENN WIR WOLLEN, ES IST DOCH ALLES SEHR KOMPLIZIERT!
!
...
?!

ETHIK
Spinoza
„ETHIK!?"
EIN GROBES BUCH!
IN DER TAT. UND ZWAR IN JEDER HINSICHT.
FÜR PHILOSOPHEN IST ETHIK EINE DOKTRIN MORALISCHER PRINZIPIEN FÜR EIN GLÜCKLICHES LEBEN. WENN SPINOZA DEN BEGRIFF VERWENDET, KANN MAN IHN AUCH DURCH „LEBENSKUNST" ODER „MORAL" ERSETZEN.
DA SEIN STIL ETWAS VON EINER MATHEMATISCHEN BEWEISFÜHRUNG HAT, IST DAS BUCH ZIEMLICH KOMPLEX. VERTIEFT MAN SICH ABER HINEIN, IST ES SEHR FESSELND!

SPINOZA WAR NICHT NUR DETERMINIST, SONDERN AUCH MONIST, WAS HEIẞT, DASS ER EINE EINZIGE SUBSTANZ ALS URSACHE ALLEN SEINS ANNIMMT.
IM GEGENSATZ ZU DENKERN WIE PLATON ODER DESCARTES, DIE DIE WELT ZWEIGETEILT SAHEN: DIE WELT DER IDEEN VERSUS DIE UNS UMGEBENDE WELT BZW. GEIST VERSUS KÖRPER.
DIESE EINE SUBSTANZ NENNT SPINOZA GOTT ODER NATUR.
Monist
PLATON
Welt der Ideen und des Geistes
DESCARTES
Welt, die unseren Körper umgibt
SPINOZA
GOTT oder NATUR
FÜR IHN SIND ALLE DINGE, DIE UNS PHYSISCH UMGEBEN, AUSDRUCK GOTTES ODER DER NATUR. SO AUCH UNSERE GEDANKEN. DENN ALLES IST EINS.

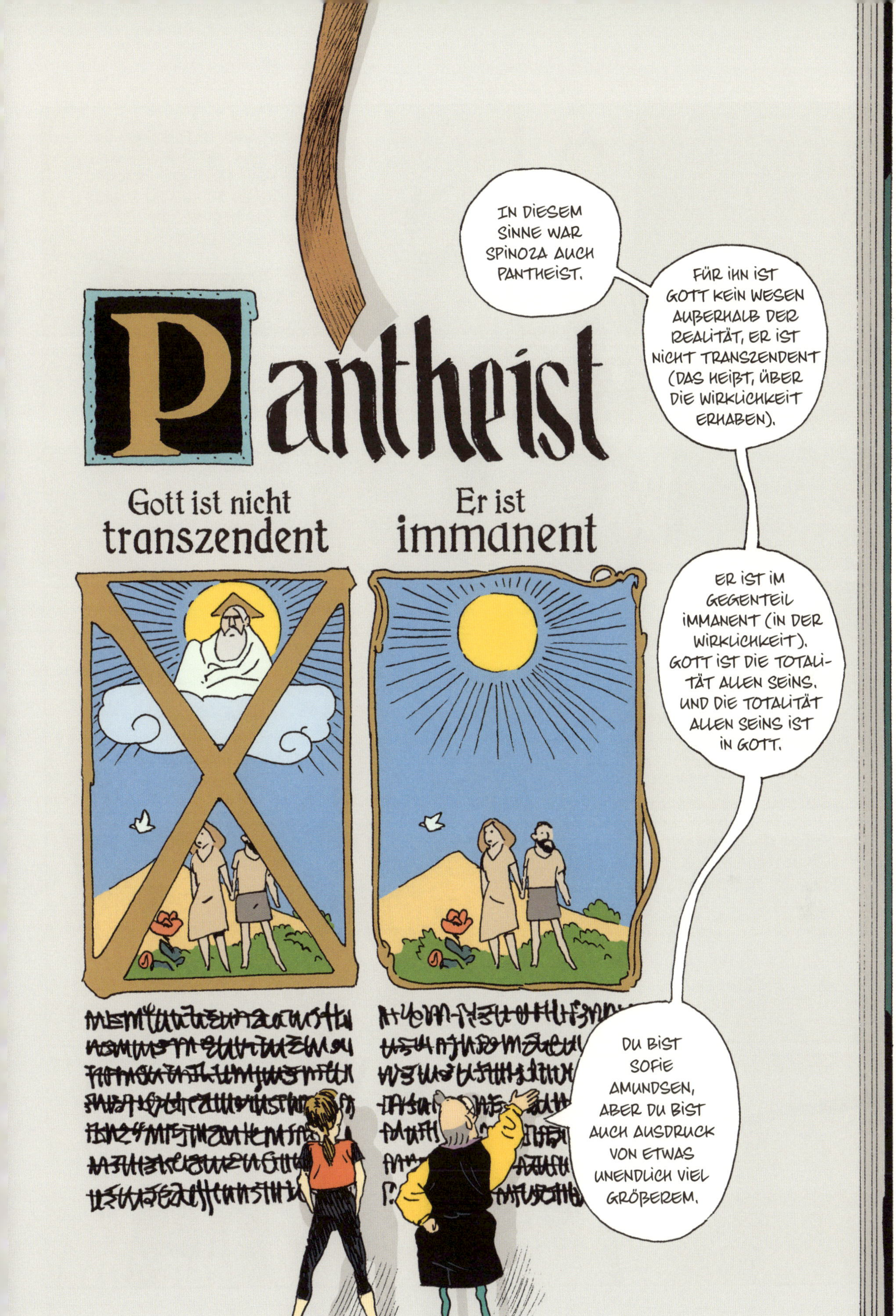
IN DIESEM SINNE WAR SPINOZA AUCH PANTHEIST.
FÜR IHN IST GOTT KEIN WESEN AUßERHALB DER REALITÄT, ER IST NICHT TRANSZENDENT (DAS HEIßT, ÜBER DIE WIRKLICHKEIT ERHABEN).
Pantheist
Gott ist nicht transzendent
Er ist immanent
ER IST IM GEGENTEIL IMMANENT (IN DER WIRKLICHKEIT). GOTT IST DIE TOTALITÄT ALLEN SEINS. UND DIE TOTALITÄT ALLEN SEINS IST IN GOTT.
DU BIST SOFIE AMUNDSEN, ABER DU BIST AUCH AUSDRUCK VON ETWAS UNENDLICH VIEL GRÖßEREM.

DU KANNST BEHAUPTEN, DASS DU SELBST DENKST UND DICH BEWEGST, ABER DU KÖNNTEST AUCH SAGEN, DASS DIE NATUR AN DEINER STELLE UND DURCH DICH DENKT UND SICH BEWEGT.
RUMS
DIE VORSTELLUNG, ALLES HÄNGE IN EINEM GROẞEN GANZEN ZUSAMMEN, FINDET SICH AUCH IM HINDUISMUS.
EBENSO, DASS ALLES, WAS WIR TUN, AUSWIRKUNGEN AUF DAS GESAMTE LEBEN AUF DEM PLANETEN HAT.
ES IST EINE PHILOSOPHIE DER VERANTWORTUNG!
JA, DIE ÖKOLO-GISCHE DIMENSION SEINES DENKENS HABE ICH KAPIERT.
UND AUCH DIE SACHE MIT DEM DETERMINISMUS. DAS GIBT ZU DENKEN!
DASS WAHRE FREIHEIT HEIẞT, ZU WISSEN, ALLES IST VORBESTIMMT.
IN UNSEREM FALL ZUM BEISPIEL, DASS WIR COMICFIGUREN SIND.
MIT ALLEN DAMIT VERBUNDENEN EINSCHRÄNKUNGEN!

??
TJA, OFFENSICHTLICH SPIELT UNSER AUTOR IMMER NOCH MIT UNS.
HINAUF!
ICH KANN NICHT MEHR. LIEBER HÄNGE ICH MICH MIT DEM SEIL AUF, ALS DARAN HOCHZUKLETTERN!
ALBERTO, NEHMEN SIE ES NICHT PERSÖNLICH, ABER ICH SEHE NUR EINE LÖSUNG.
?
AUA!
KAWUM
SCHNELL!
AUA!
H
H

ES KANN EINEN SCHON FRUSTRIEREN, EINE COMICFIGUR ZU SEIN, ABER HAT MAN ES EINMAL AKZEPTIERT, HAT ES ETWAS BEFREIENDES.
SEIN SPEZIFISCHES POTENZIAL VOLL AUSZUSCHÖPFEN! HERRLICH.
LETZTENDLICH UNTERLIEGEN ALLE DEN BESCHRÄNKUNGEN IHRER NATUR, AUCH UNSERE LESERINNEN UND LESER.
AUA!
MIR IST SCHLECHT …

WIR ZWEI MÖGEN NICHT GREIFBAR SEIN, WIE DIE PYTHIA VON DELPHI IM ERSTEN BAND BEHAUPTET HAT, ABER IN GEWISSER WEISE SIND WIR AUCH UNSTERBLICH!
AUA!
ENTSCHEI-DEND IST, DIE EIGENEN GRENZEN ZU KENNEN.
ICH BIN SICHER, DASS ES NOCH HAUFENWEISE MÖGLICHKEITEN ZU ERKUNDEN GIBT.

IRGENDWANN WERDE ICH IN SPINOZAS SINNE FREI SEIN, ALBERTO!
SO FREI, WIE EINE FIKTIVE FIGUR ES ANGESICHTS IHRER BESONDEREN NATUR SEIN KANN!!!
AUA!
PLOP
AUA!
?!
WEITER GEHT'S!
A
U
WEITER GEHT'S, WEITER GEHT'S...
AI

Pling
DIE EMPIRISTEN
KLICK
PLUMPS

WIR HABEN DIE GLEICHE MODELL-EISENBAHN DAHEIM. VON PAPA.
KOMISCH, DASS ICH SOLCHE ERINNERUNGEN HABE.
MEIN AUTOR HAT MIR EINE PERSÖNLICHKEIT UND EIN GANZES LEBEN VERLIEHEN. UND ICH …
… HABE WIRKLICH DAS GEFÜHL, DASS SIE MIR VOLL UND GANZ GEHÖREN.
VIELLEICHT SCHREIBT UND ZEICHNET MAN GENAU DESHALB.
UM LEBEN ZU ERSCHAF-FEN.
KANN ICH WEITERMACHEN?
SEHR GERN, ALBERTO.
IM 17. JAHRHUNDERT HALTEN ALSO DESCARTES UND SPINOZA, BEIDES RATIONALISTEN, DIE VERNUNFT FÜR DIE QUELLE DER ERKENNTNIS. DIESE TRADITION WIRD VEHEMENT ATTACKIERT VON DEM, WAS WIR …
… EMPIRISMUS NENNEN!
KRRRR

DIE EMPIRISTEN WOLLEN ALLES WISSEN VON UNSEREN SINNESEINDRÜCKEN ABLEITEN.
SIE SIND VON ARISTOTELES BEEINFLUSST, DER GESAGT HAT, NICHTS IST IM VERSTAND, WAS NICHT ZUVOR IN DER SINNESWAHRNEHMUNG WAR.
FÜR DIE EMPIRISTEN HABEN WIR BEI UNSERER GEBURT KEINERLEI VORSTELLUNG VON DER WELT, SONDERN ERFAHREN SIE ERST DURCH UNSERE SINNE.
IM GEGENSATZ ZU PLATON, DEM ZUFOLGE DIE MENSCHEN MIT IDEEN GEBOREN WERDEN, DIE SIE AUS DER IDEENWELT ERHALTEN, ODER ZU DESCARTES, DER DENKT, UNSERE IDEEN STAMMTEN VON GOTT.
ICH ...
WUM
?
WUMM
KRRR
WUMM

HELLO!
WUMM
DAS IST JOHN LOCKE, ENGLISCHER EMPIRIST, 1632 BIS 1704. VON IHM STAMMT:
"EIN VERSUCH ÜBER DEN MENSCHLICHEN VERSTAND".
INDEED, IT'S ME!
ICH STIMULIERE IHRE SINNE, DAMIT SIE EMPFÄNGLICHER WERDEN!
NACH HÖR- UND SEHSINN ... FOLGEN GERUCHS- UND GESCHMACKSSINN!
RIECH?
HMMM ...

DENN WIR NEHMEN DIE WELT MIT UNSEREN FÜNF SINNEN WAHR, RIGHT?
IGITT!
LECKER.
ICH BIN DAVON ÜBERZEUGT, ALLE GEDANKEN UND BILDER IN UNSEREM KOPF SIND DIE FRÜCHTE UNSERER VERSCHIEDENEN ERFAHRUNGEN. UND BEVOR WIR ETWAS WAHRNEHMEN, ...
... IST UNSER BEWUSSTSEIN SO LEER WIE DESCARTES' TABULA RASA.
KLOPF
KLOPF
UNSERE SINNE VERLEIHEN UNS ZUGANG ZU „EINFACHEN SINNESIDEEN". DANN NIMMT UNSER BEWUSSTSEIN SIE WAHR, SETZT SIE ZUEINANDER IN BEZIEHUNG, UND SO ENTSTEHEN DIE „REFLEXIONSIDEEN". FOLGLICH GIBT ES EINE UNTERSCHEIDUNG ZWISCHEN EMPFINDUNG UND REFLEXION.
KLICK
SOFIE, GLAUBST DU, DIE WELT IST SO, WIE WIR SIE EMPFINDEN?
ÄH ... JA ...
ICH DENKE SCHON.

UNSERE SINNE KÖNNEN UNS ÜBER DIE PRIMÄREN SINNESQUALITÄTEN VON DINGEN INFORMIEREN, WIE VOLUMEN, GEWICHT, GRÖßE.
SIE SIND ABER AUCH IN DER LAGE, IHRE SEKUNDÄREN SINNESQUALITÄTEN WAHRZUNEHMEN, WIE FARBE, GERUCH, GESCHMACK ...
IM GEGENSATZ ZU DEN PRIMÄREN SINNESQUALITÄTEN, DIE BESTANDTEIL DES GEGENSTANDS SIND UND GANZ OBJEKTIV ZUSAMMEN MIT IHM EXISTIEREN, ...
... SPIEGELN DIE SEKUNDÄREN SINNESQUALITÄTEN NUR GANZ SUBJEKTIV DIE WIRKUNG AUF UNSERE SINNE WIDER.
ALLE SIND SICH EINIG, DASS DIESE ORANGE RUND IST. ABER SCHMECKT SIE AUCH GUT?
DAS KOMMT AUF DIE PERSON AN. WIE BEI DER SÜßIGKEIT, DIE DU MAGST UND ALBERTO NICHT.
GOOD BYE...
KNARR
LOCKE FÜHRT TATSÄCHLICH ARISTOTELES' DENKEN WEITER.
KLACK

ER HAT SICH ABER KEINESWEGS NUR FÜR UNSERE SINNE INTERESSIERT, SONDERN AUCH ÜBER DIE GEWALTENTEILUNG NACHGEDACHT: LEGISLATIVE, EXEKUTIVE UND JUDIKATIVE!
UND ER VERTEIDIGT DAS NATURRECHT, BEHAUPTET, GEWISSE FUNDAMENTALE MORALISCHE REGELN GÄLTEN FÜR ALLE UND WIR HÄTTEN DAS RECHT, UNS EINER UNS UNTERDRÜCKENDEN MACHT ZU WIDERSETZEN.
KLIRR
ÜBRIGENS WAR ER DER MEINUNG, DIE UNTERGEORDNETE STELLUNG DER FRAU GEGENÜBER DEM MANN SEI NICHT VON DER NATUR VORGEGEBEN, SONDERN VON MENSCHEN GEMACHT.
TOLL! SEHR SYMPATHISCH, DIESER LOCKE.
KLOPF
IN IHREM HAUS GIBT ES VIELE EIGENARTIGE TÜREN, ALBERTO!
DAS WUNDERT MICH AUCH.

ZUM GLÜCK BIN ICH IM HERZEN EINE ABENTEURERIN!
KLICK
HUME
HUME
DAVID HUME HAT VON 1711 BIS 1776 GELEBT, IST IN SCHOTTLAND AUFGEWACHSEN.
ICH NEHME AN, AUCH ER WAR EMPIRIST.
AUTSCH! ZUM PHILOSOPHIEREN MUSS MAN NEUGIERIG UND GELENKIG SEIN.
?
?!
ALBERTO, SIE …
… SIE SIND EIN KIND!

DU AUCH, SOFIE. DU BIST HÖCHSTENS ZEHN!
HUMES WICHTIGSTES BUCH IST „EIN TRAKTAT ÜBER DIE MENSCHLICHE NATUR", ZU DEM ER SCHON MIT 15 JAHREN DIE IDEE HATTE.
ÄH, REDEN WIR EINFACH WEITER, ALS WÄRE NICHTS PASSIERT?
DU BIST ZEHN, ABER DU VERSTEHST NOCH, WAS ICH SAGE?
JA, SCHON.
DANN MACHEN WIR WEITER!
HUME MÖCHTE ZURÜCK ZUR UNMITTELBAREN SINNLICHEN ERFAHRUNG.
GROB GESAGT BEHAUPTET ER, KEINE PHILOSOPHIE KÖNNE UNS HINTER ALLTÄGLICHE ERFAHRUNGEN FÜHREN ODER UNS VERHALTENSREGELN GEBEN, DIE SICH VON DENEN UNTERSCHEIDEN, DIE WIR AUCH DURCH NACHDENKEN ÜBER DAS ALLTAGSLEBEN FINDEN KÖNNTEN.
SEHR GUT!
ENDLICH MAL EINER, DER SICH FÜR DEN ALLTAG INTERESSIERT.
HELLO.

DAS IST ER.
SCHON KLAR. ICH BIN ZWAR ERST ZEHN, ABER DESWEGEN NICHT DUMM!
?
???
NOCH JÜNGER ?!
JA! ES GILT, DIE WELT WIEDER WIE EIN KIND WAHRZUNEHMEN, DAS HEIẞT, BEVOR GEDANKEN UND ÜBERLEGUNGEN IN DAS GEHIRN EIN-DRINGEN.
ICH MÖCHTE, DASS DIE SINNE DER MENSCHEN IMMER WACHSAM BLEIBEN. WIE BEI KINDERN!
AAAAUU
WIE DU SIEHST, GIBT ES BEIM MENSCHEN ZWEI VERSCHIEDENE VOR-STELLUNGEN: EINDRÜCKE UND IDEEN.
JA, SORRY!
UÄHH
IHRE EXPERI-MENTE SIND GEFÄHRLICH, MR HUME! VOR ALLEM FÜR EIN KLEINES KIND!

EINDRÜCKE SIND STARKE UND UNMITTELBARE EMPFINDUNGEN DER ÄUẞEREN WELT.
WENN DU DICH VERBRENNST, HAST DU EINE STARKE EMPFINDUNG!
SEHR STARK!
UND IDEEN SIND MIT DIESEN EINDRÜCKEN VERBUNDENE ERINNERUNGEN.
DER SINNESEINDRUCK IST DAS ORIGINAL, WÄHREND DIE ERINNERUNG NUR EINE BLASSE KOPIE IST.
OKAY, CAPITO!
ABER DAFÜR WÄRE ES NICHT NÖTIG GEWESEN, DASS ICH MIR DIE HAND VERBRENNE, DAS HÄTTE ICH AUCH SO VERSTANDEN.
HINZU KOMMT, DASS EIN EINDRUCK ODER EINE IDEE EINFACH ODER KOMPLEX SEIN KANN.
UND WEITER?
DAS IST GANZ ZENTRAL!
WIR KÖNNEN NÄMLICH IDEEN ZUSAMMENSETZEN, OHNE DASS SIE AN ETWAS REALES GEBUNDEN SIND. SO KÖNNEN FALSCHE IDEEN AUFKOMMEN, DIE IN NICHTS DER WIRKLICHKEIT ENTSPRECHEN.
DIESE ENGEL, DIE EINEN MENSCHLICHEN KÖRPER MIT FLÜGELN VON VÖGELN VERBINDEN, ...
... HAST DU DIE JE GESEHEN?
NEIN.

WIR VERBINDEN ZWEI IDEEN MITEINANDER UND DAS ERGEBNIS DARAUS …
PFFF!
… EXISTIERT NICHT.
WICHTIG IST, AN UNSERE VORSTELLUNGEN VON DINGEN ZU DENKEN, UM SICHERZUGEHEN, DASS SIE WIRKLICH EINER REALEN SACHE ENTSPRECHEN.
DENN AUF BASIS ZWEIER EINDRÜCKE KANN MAN FIKTIVE REALITÄTEN ERSCHAFFEN!
EIN KIND KENNT KEINE VORURTEILE. ES NIMMT DIE WELT OHNE VORGEFERTIGTE IDEEN WAHR – FÜR EINEN PHILOSOPHEN EINE GROßE QUALITÄT.
?
SAAGE MIIIR…

UH
SAAAAAGE-MIIIIR
FFF
FFF
FFFFF
HALLO, KÖNNTEN SIE MICH ETWAS ÄLTER MACHEN? ALS KIND HABE ICH VOR DIESEN VIECHERN ANGST GEHABT!!
MIT WEM SPRECHEN SIE?
UNSEREM AUTOR!!
BRR
SCHLUCK!
FF
FFF
GANZ RUHIG, ALBERTO. DAS IST EINE RAUPE, DIE IST VEGETARIERIN!
BIBBER
GEWISS, ABER ICH BIN PHILOSOPH, KEIN INDIANA JONES.
FFF
SAAAAGE-MIIIR, ALICE…

WEEER BIST DUU?
EHRLICH GESAGT, ICH WEIß SELBST KAUM, WER ICH GERADE BIN.
WER ICH WAR, HEUTE FRÜH BEIM AUFSTEHEN, DAS WEIß ICH SCHON, ABER ICH MUSS MICH SEITHER WOHL MEHRERE MALE VERÄNDERT HABEN, ICH BIN NICHT MEHR DIESELBE.
UND DUU, SOFIE? SAAGE MIIR, WEEER BIST DUU?
ICH?
OH, ICH ... MIR GEHT'S WIE ALICE! SEIT DEM BEGINN DIESES ABENTEUERS HABE ICH MICH ZIEMLICH VERÄNDERT.
PUFF
DIE VORSTELLUNG DEINES ICHS IST DEMNACH KEINE EINFACHE IDEE?

WAHRSCHEINLICH NICHT.
ZU BEGINN VON BAND ZWEI WAR ICH ETWAS FATALISTISCH. DANN HABE ICH MICH WIEDER FÜR DESCARTES UND SPINOZA BEGEISTERT, ABER JETZT FÜHLE ICH MICH ETWAS VERLOREN.
PAFF
UND SCHLIEẞT DU DARAUS, DASS DEINE ICHVORSTELLUNG EINE KOMPLEXE IDEE IST?
HM, EHER NICHT.
ICH HABE TROTZDEM EINEN PAUSCHALEN EINDRUCK DAVON, WER ICH BIN. VON ETWAS, WAS BLEIBT.
...
?!!
ABER ...
ICH GLAUBE, DAS ICH IST EINE ILLUSION, SOFIE!
WEIẞT DU, DEIN ICH VERÄNDERT SICH EIN LEBEN LANG.
DENN DAS ICH IST EINE LANGE KETTE VON EINZELEINDRÜCKEN.
WIR HABEN KEINEN PERSÖNLICHKEITSKERN, IN DEN SICH EIN LEBEN LANG ALLE UNSERE GEFÜHLE EINFÜGEN.

DAS STIMMT. WENN ICH DIESES ALTER EINMAL ERREICHE, WERDE ICH NICHT MEHR DIE 15-JÄHRIGE SOFIE SEIN.
PUFF
INTERESSANT, ODER, SOFIE?
ALBERTO?
SO ZERSTÖRT HUME DEN MYTHOS EINES UNVERÄNDERLICHEN ICHS, WIE VOR IHM SCHON BUDDHA.
ENTSCHULDIGUNG, DIE VIELEN METAMORPHOSEN VERWIRREN MICH EIN WENIG. WAS HABEN SIE GESAGT?
ICH HABE VON BUDDHA GESPROCHEN.
BUDDHA BETRACHTETE DAS MENSCHLICHE LEBEN ALS EINE UN-UNTERBROCHENE ABFOLGE GEISTIGER UND KÖRPERLICHER PROZESSE, DIE DEN MENSCHEN PERMANENT VERÄNDERN.
HUiiiii

ES GIBT KEIN „ICH", KEINEN UNVERÄNDERLICHEN WESENSKERN.
FÜR HUME WIE FÜR BUDDHA IST DIE SEELE DEMNACH NICHT UNSTERBLICH.
HUME WAR AGNOSTIKER.
DAS HEIẞT JEMAND, DER NICHT WEIẞ, OB ES GOTT GIBT.
LIEBER AUTOR! ICH KANN NICHT MEHR.
KÖNNTEN SIE MIR BITTE MEIN WAHRES ALTER ZURÜCKGEBEN?!
AAH!
WOBEI, „MEIN ALTER" ... ICH WEIẞ GAR NICHT MEHR, WIE ALT ICH WIRKLICH BIN.
SCHON VERWIRREND, DIESE SACHE MIT DEM ICH, DAS NICHT EIN FÜR ALLE MAL FESTSTEHT.
RIMBAUD HAT GESAGT: „ICH IST EIN ANDERER."
ALBERTO ... ICH MÖCHTE, DASS DU MICH BERUHIGST. UND MIR NICHT MIT DEINEN KULTURELLEN REFERENZEN KOMMST!
SO! DUZT DU MICH JETZT? SEIT WANN DAS?
SEIT DU MICH NICHT MEHR BEEINDRUCKST!

GEHT'S DIR JETZT BESSER?
JA.
KLACK
?
SCHAUEN SIE!
DONNER
VIELE HALTEN DEN BLITZ FÜR DIE URSACHE DES DONNERS, ABER STIMMT DAS TATSÄCHLICH, SOFIE?
SIE EREIGNEN SICH GLEICH-ZEITIG.
EXAKT!
ABER WARUM GLAUBEN VIELE, DER BLITZ SEI DIE URSACHE?
WEIL MAN DEN BLITZ SCHON SIEHT, BEVOR MAN DEN DONNER HÖRT, GLAUBT MAN, ER WÜRDE DEN DONNER AUSLÖSEN, ODER?

EXAKT. DABEI GESCHEHEN SIE IN WAHRHEIT GLEICHZEITIG UND WERDEN BEIDE VON EINER ELEKTRISCHEN ENTLADUNG AUSGELÖST.
ES IST WICHTIG, DIE TENDENZ, KAUSALVERBINDUNGEN HERZUSTELLEN, ZU ERKENNEN.
NUR WEIL ZWEI DINGE HINTEREINANDER PASSIEREN, IST NICHT EINS ZWANGSLÄUFIG URSACHE FÜR DAS ANDERE.
ALBERTO HAT MIR ERZÄHLT, DASS SIE EIN PHILOSOPH WAREN, DER SICH FÜR DAS ALLTAGSLEBEN INTERESSIERT HAT. DABEI, NA JA ...
NA JA?!
DIESE NEIGUNG, VORSCHNELL VERBINDUNGEN ZWISCHEN URSACHE UND WIRKUNG HERZUSTELLEN, ERKLÄRT VIELE ABERGLÄUBISCHE VORSTELLUNGEN UNSERES ALLTAGS!
ABERGLAUBE?
IM STIL VON: ICH SEHE EINE SCHWARZE KATZE, HINTERHER HABE ICH EINEN AUTOUNFALL. DA DER UNFALL AUF DIE KATZE FOLGT, MUSS DIE KATZE DIE URSACHE DAFÜR SEIN.
EXAKT!
MAN KANN VIELE ABERGLÄUBISCHE VORSTELLUNGEN ANALYSIEREN, DIE BEI MENSCHEN GENAU SO FUNKTIONIEREN. WIR SIND OPFER UNSERER ERWARTUNGEN, DAHER ZIEHEN WIR VOREILIGE SCHLÜSSE.
DIE ABFOLGE VON EREIGNISSEN IST NICHT IN DEN DINGEN SELBST ANGELEGT, SONDERN IN UNSEREM BEWUSSTSEIN, DAS SIE ERWARTET. ERWARTUNG FÜHRT ZU GEWOHNHEIT.
RRR
WENN WIR ÄLTER WERDEN, GEWÖHNEN WIR UNS AN DINGE UND ZIEHEN FALSCHE SCHLÜSSE.

KRÄCHZ
???
EIN WEIßER RABE!
IST DAS MÖGLICH?
DAS IST MÖGLICH, WEIL WIR UNS IN EINEM COMIC BEFINDEN.
ACH SO?
IN DER NATUR GIBT ES IHN NICHT?
ICH HABE JEDENFALLS NOCH KEINEN GESEHEN.
UND NICHT NUR ICH!
NUN, MIR SCHEINT, DIE PRIMÄRE AUFGABE VON WISSENSCHAFTLERN UND PHILOSOPHEN IST ES, WEITERHIN NACH DEM WEIßEN RABEN ZU SUCHEN!
MAN DARF KEINE MÖGLICHKEIT AUSSCHLIEßEN, SICH NIE IN DER GEWOHNHEIT EINRICHTEN.

LASS UNS RAUSGEHEN!
DIE LUFT WIRD LANGSAM STICKIG. UND ICH HABE KEINE LUST, NOCH MAL MEIN ALTER ZU ÄNDERN, DAS STRESST MICH.
HUME HAT NOCH ETWAS INTERESSANTES GESAGT.
ER HAT DAS DENKEN DER RATIONALISTEN INFRAGE GESTELLT, WONACH DER UNTERSCHIED ZWISCHEN GUT UND BÖSE IN DIE VERNUNFT DES MENSCHEN EINGESCHRIEBEN SEI.
AAAHH
KLACK
KNACK
FÜR HUME BESTIMMT NICHT DIE VERNUNFT, WAS WIR SAGEN UND TUN.
AUTSCH
AAH!
WAS DENN SONST?
UNSERE GEFÜHLE!

WENN ES IN DEINEM DORF ZU EINER ÜBERSCHWEMMUNG KÄME, WÜRDEST DU DEN LEUTEN HELFEN?
JA, NATÜRLICH!
DABEI KÖNNTEST DU, WENN DU DEINE VERNUNFT EINSCHALTEST, DENKEN, ES WÄRE BESSER, SIE STERBEN ZU LASSEN.
WENN SIE ERTRINKEN, GIBT ES WENIGER MENSCHEN AUF DER ERDE UND FOLGLICH EINEN GERINGEREN CO_2-AUSSTOß.
WIE GRAUSAM!
GENAU, DU BIST GESCHOCKT. UND DEINE GEFÜHLE VERANLASSEN DICH ZU HELFEN.
ZUM GLÜCK!
ICH BIN FROH, AUCH GEFÜHLE ZU HABEN UND NICHT NUR MEINE VERNUNFT. ICH WILL ZWAR DEN CO_2-AUSSTOß VERRINGERN, ABER NICHT SO.
?
BRRR
BRRR
EINE KRIPPE.

WARUM EINE KRIPPE?
VERMUTLICH WEIL ICH, GEORGE BERKELEY, NICHT NUR EMPIRIST BIN, SONDERN AUCH BISCHOF.
DIESER IRISCHE BISCHOF LEBTE VON 1685 BIS 1753 UND WAR EIN FROMMER KATHOLIK.
UND MIT WELCHEN GEDANKEN HABEN SIE ZU DEN EMPIRISTEN BEIGETRAGEN?
ICH BIN VON ALLEN AM WEITESTEN GEGANGEN, INDEM ICH DIE REALITÄT DER ÄUßEREN WELT ANGEZWEIFELT HABE!
ICH LEUGNE JEGLICHE EXISTENZ EINER MATERIELLEN WELT AUßERHALB DES BEWUSSTSEINS.
RIGOROS!
JA. FÜR MICH EXISTIERT NUR DAS, WAS WIR WAHRNEHMEN.
SO? DABEI ...
PLOP
BUMM
DIESER BALKEN EXISTIERT. UND ER IST SEHR HART!
DU HAST IHN ZWAR WAHRGENOMMEN, ABER NICHT DAS MATERIAL SELBST GESPÜRT. DU HÄTTEST GENAUSO GUT TRÄUMEN KÖNNEN, DASS DU DAGEGEN TRITTST.

ABER WENN DER BALKEN NICHT SELBST HART IST, WIESO SPÜRE ICH DANN ETWAS HARTES?
EINE URSACHE AUßERHALB UNSERES BEWUSSTSEINS. FÜR MICH …
… IST DAS GOTT!
ALLES, WAS WIR SEHEN, UND ALLES, WAS WIR EMPFINDEN, IST DAS RESULTAT GÖTTLICHER MACHT.
GOTT IST DIE EINZIGE URSACHE ALLEN SEINS.
WOW. DER NIMMT DEN MUND ABER VOLL!
KEIN WUNDER, DASS ER IN EINER KRIPPE VERSTAUT WAR.
GLEICHZEITIG IST DAS, WAS ER SAGT, AUCH INTERESSANT FÜR UNS, ALBERTO.
SO? INWIEFERN?
UNSER GOTT IST UNSER COMICAUTOR. ER ENTSCHEIDET, OB ICH SCHMERZEN HABE ODER NICHT.

DA ICH NUR AUS TINTE UND PAPIER BESTEHE, IST DAS RISIKO GLEICH NULL.
WARUM FLÜSTERST DU? ER WEIß, WAS DU SAGST, ES STEHT JA DA. ER HAT ES SOGAR SELBST GESCHRIEBEN.
JA.
OKAY.
HMPF
KNACK
BUMM
STÖHN
AAAAA
AU AU AU!!!
HAHAHA!
UNSER AUTOR IST WIRKLICH UM MÖGLICHST VIEL REALISMUS BEMÜHT!

JAAA.
IHM MACHT ES VOR ALLEM SPAß, MIT UNS ZU SPIELEN, ABER MICH NERVT DAS LANGSAM.

ALLES IN ORDNUNG, GENIEẞT DU DEIN WOCHEN-ENDE, LIEBES?
JA, ABSOLUT!

SO ...
SCHAUEN WIR MAL!
?!
UNSER HAUS ...
WER BIST DU?
UND ICH KOMME DARIN VOR!

WIR TREFFEN UNS NACHHER BEI DER HÜTTE, ALBERTO!
RUH DICH BIS DAHIN GUT AUS.
ICH HABE WIEDER VIEL GELERNT.
TOLL!
!?!

MIR REICHT'S.

WAS BRINGT'S, MIT DEM COMIC WEITERZUMACHEN?
SEITE UM SEITE MIT PHILOSOPHIE ZU FÜLLEN, WENN ALLES DEN BACH RUNTER-GEHT!
IST DOCH WAHR!
HÖRT AUF ZU LESEN UND VERSUCHT LIEBER, DEN PLANETEN ZU RETTEN, DAS WÄRE SINNVOLLER!
RUMS
ALS KIND WOLLTE ICH EINE RAKETE BAUEN UND WEGFLIEGEN VON ALL DEM SCHLIMMEN, WAS DER MENSCH DER WELT ANTUT!
MITTLERWEILE HABE ICH KAPIERT, DASS ES NICHTS NÜTZT, ABHAUEN ZU WOLLEN, MAN KANN NÄMLICH NIRGENDWOHIN.
UND DAS MACHT EINEM WIRKLICH ANGST!

KÖNNEN WIR DIE NATUR UM UNS HERUM DENN NICHT EIN BISSCHEN RESPEKTIEREN? UND ALLE LEBEWESEN DARIN.
PLUMPS
GRRRR!
ALLE MENSCHEN AUF DER ERDE SOLLTEN EINEN VERTRAG UNTERSCHREIBEN MÜSSEN, DASS SIE DIE NATUR RESPEKTIEREN.
EINEN VERTRAG ZWISCHEN MENSCH UND WELT!

15.
GESELLSCHAFTSVERTRAG

ZACK
?
Sofie, ich bin's, Alberto.
Ich glaube, ein bisschen Philosophie könnte Dich aufmuntern.
ALBERTO?
WO BIST DU?
HIER, SOFIE!!!
DANK DES FERNROHRS KONNTE ICH DEINE SPRECHBLASEN LESEN!
ICH DUMMKOPF. SIE IST ZU WEIT WEG, UM MICH ZU HÖREN.
MACHT NICHTS.
ICH SCHICKE IHR MEHR FLIEGER!

ZACK
Weißt du, dass sich mehrere Philosophen für die Idee eines Gesellschaftsvertrags, der das Zusammenleben verbessert, interessiert haben?
ECHT?
WOW!
ZACK
ZACK
ZACK

Der Gesellschaftsvertrag ist ein Begriff der politischen Philosophie. Es ist ein Vertrag zwischen den Menschen, mit dem sie eine Einschränkung ihrer Freiheit akzeptieren für Gesetze, die allen die Wahrung ihrer Freiheit garantieren.
„ZUNÄCHST MUSS MAN ZWISCHEN NATURZUSTAND UND GESELLSCHAFT UNTERSCHEIDEN. AM BEGINN DER MENSCHHEITSGESCHICHTE HAT DER MENSCH IM NATURZUSTAND GELEBT. DANN, VON EINEM MOMENT AUF DEN ANDEREN, IN EINER GESELLSCHAFT, WO DAS ZUSAMMENLEBEN MIT GESETZEN ORGANISIERT WIRD."
Wie sah der Schritt vom Naturzustand zur organisierten Gesellschaft aus? Für diesen Sozialpakt gibt es drei verschiedene Ansätze.
Thomas Hobbes
* 1588
† 1679

GUTEN TAG, SOFIE!
DU HAST SCHON IM ELFTEN KAPITEL VON MIR GEHÖRT.
IM 17. JAHRHUNDERT HABE ICH IN MEINEM BUCH „LEVIATHAN" EINEN GESELLSCHAFTSVERTRAG BESCHRIEBEN, DER ORDNUNG UND SICHERHEIT GEWÄHRLEISTEN SOLL.
ICH BIN PESSIMIST HINSICHTLICH DER MENSCHLICHEN NATUR, DENN „DER MENSCH IST DEM MENSCHEN EIN WOLF".
DER NATURZUSTAND IST EIN URZUSTAND, IN DEM JEDER UM SEIN ÜBERLEBEN KÄMPFT, EIN ZUSTAND PERMANENTER GEFAHR.
DAHER PLÄDIERE ICH DAFÜR, DASS SICH DIE MENSCHEN ZUSAMMENTUN, EINEN GEMEINSAMEN VERTRAG SCHLIEßEN UND DAFÜR IHRE INDIVIDUELLEN FREIHEITEN AUFGEBEN.
DANN ÜBERTRAGEN SIE DIE MACHT AN EINE AUTORITÄT, DEREN AUFGABE ES IST, DIE SICHERHEIT ALLER ZU GEWÄHRLEISTEN.
ICH TRETE MEINE FREIHEIT AN DIE BETREFFENDE AUTORITÄT AB, WENN DU ZUGLEICH DEINE FREIHEIT AN SIE ABTRITTST.
AUTORITÄT

WOBEI MIR BEWUSST IST, DASS ICH VERSCHIEDENE FORMEN ANNEHMEN KANN. DIE EINES KÖNIGS, EINER PRÄSIDENTIN, EINER REGIERUNG.
AUTORITÄT
OKAY. DAS IST DER GESELLSCHAFTSVERTRAG VON HOBBES.
DANN ...
PUH!
IHRE STIMMUNG SCHEINT SICH GEBESSERT ZU HABEN.
AAAH, DER PHILOSOPH AUS DEM SCHRANK.
INDEED! JOHN LOCKE, ERNEUT ZU IHREN DIENSTEN.
IM GEGENSATZ ZU HOBBES BEHAUPTE ICH IN MEINER ZWEITEN „ABHANDLUNG ÜBER DIE REGIERUNG", DASS DER NATURZUSTAND EIN ZUSTAND DER HARMONIE IST UND NICHT DER PERMANENTEN GEFAHR.

IM NATURZUSTAND HAT DER MENSCH ZUGANG ZUR FREIHEIT, WEIL DIE FREIHEIT UNTRENNBAR MIT IHM VERBUNDEN IST!
ICH BIN FREI ALS PERSON! ICH GEHÖRE MIR SELBST!
DESGLEICHEN HAT DER MENSCH ZUGANG ZU EIGENTUM. GEHÖRT MAN SICH SELBST, GEHÖREN EINEM AUCH DIE FRÜCHTE DER EIGENEN ARBEIT. EIN STÜCK ERDE, DAS NIEMANDEM GEHÖRT UND DAS MAN BEARBEITET, GEHÖRT EINEM.
ICH GRABE UM, PFLANZE GEMÜSE AN, BEARBEITE EIN STÜCK ERDE, ES GEHÖRT MIR.
MAN BRAUCHT ALSO KEINEN GESELLSCHAFTSVERTRAG?
FREIHEITS- UND EIGENTUMSRECHTE GIBT ES BEREITS, BEVOR MAN IN EINE ZIVILISIERTE GESELLSCHAFT EINTRITT. DAFÜR BENÖTIGT MAN KEINEN VERTRAG.
DIESE RECHTE WERDEN ABER NICHT UNBEDINGT VON ANDEREN RESPEKTIERT, DIE MIR ZUM BEISPIEL DIE FRÜCHTE MEINER ARBEIT WEGNEHMEN.
AN DIESER STELLE KOMMT DER GESELLSCHAFTSVERTRAG INS SPIEL. ER IST NICHT DA, UM RECHTE ZU SCHAFFEN, SONDERN UM EINE INSTANZ EINZUSETZEN, DIE FÜR DIE EINHALTUNG DIESER RECHTE SORGT UND KONFLIKTE, DIE BEI DER AUSÜBUNG DER RECHTE ENTSTEHEN, LÖST. DAMIT NICHT JEDER ZUR SELBSTJUSTIZ GREIFT.

?
FRRR
GUTEN TAG, SOFIE! ICH BIN JEAN-JACQUES ROUSSEAU AUS GENF, GEBOREN 1712, GESTORBEN 1778. ICH HABE „VOM GESELLSCHAFTSVERTRAG" GESCHRIEBEN.
MIST ... ROUSSEAU!
SCHICKE FRISUR!
„ES MUSS EINE GESELLSCHAFTSFORM GEFUNDEN WERDEN, DIE MIT DER GESAMTEN GEMEINSAMEN KRAFT ALLER MITGLIEDER DIE PERSON UND DIE HABE EINES JEDEN EINZELNEN MITGLIEDS VERTEIDIGT UND BESCHÜTZT; IN DER JEDER EINZELNE, MIT ALLEN VERBÜNDET, NUR SICH SELBST GEHORCHT UND SO FREI BLEIBT WIE ZUVOR."

Fzzzz
Das zentrale Anliegen für Rousseau besteht darin, eine Organisationsform zu finden, die allen zusagt.
DAHER TRETE ICH DAFÜR EIN, DEM VOLK GESETZGEBERISCHE MACHT ZU VERLEIHEN UND ZU VERLANGEN, DASS ES SEINE PERSÖNLICHEN INTERESSEN ZUGUNSTEN DES ALLGEMEINWOHLS AUFGIBT.
ALLGE-MEINWOHL? SUPER! SCHÖN WÄR'S.
HINSICHTLICH DER NATUR DES MENSCHEN BIN ICH OPTIMIS-TISCH: DA JEDER MIT JEDEM VERBUNDEN IST, WOLLEN ALLE DAS BESTE FÜR ALLE.
Fzzzz
„WENN SICH SCHLIEẞLICH JEDER ALLEN ÜBERÄUẞERT, ÜBERÄUẞERT ER SICH NIEMANDEM. DA MAN ÜBER JEDES MITGLIED DAS GLEICHE RECHT ERWIRBT, DAS MAN IHM ÜBER SICH SELBER EINRÄUMT,
GEWINNT MAN DEN GEGEN-WERT ÜBER ALLES, WAS MAN VERLIERT, UND EIN MEHR AN KRAFT, DAS ZU BEWAHREN, WAS MAN HAT."

Mein Gesellschaftsvertrag zielt darauf ab, mit
dem Naturzustand zu brechen.
Aber im Gegensatz zu Hobbes beauftrage ich nicht einen Dritten mit der Wahrung des Lebens oder der Freiheit sowie des Eigentums jedes Einzelnen.
Ich beauftrage die Bürger selbst mit der Sicherung durch das Prinzip des allgemeinen Willens.
FZZZZ-
Es ist ein durch und durch demokratischer Pakt, ...
FZZZZ
... bei dem der Gesellschaftsvertrag nicht irgendeinen Monarchen oder Stellvertreter einsetzt.
Sondern dem Volk alle Souveränität verleiht: Es erlässt die Gesetze.
FZZZZ
WOW!
DAS GENIALE AN ROUSSEAU IST, DASS ER EINEM DEN GLAUBEN AN DIE MENSCHHEIT ZURÜCKGIBT.
WÄRE ICH KEINE COMICFIGUR, WÜRDE ICH VERSUCHEN, VERÄNDERUNGEN ZU BEWIRKEN.
WIE GRETA THUNBERG!

ZACK
ZACK
ZACK
ZACK
ABER DU BIST IN DER LAGE, DINGE INS WANKEN ZU BRINGEN, SOFIE!
WIE BITTE? ES GIBT MICH DOCH NICHT WIRKLICH!
DAS STIMMT.
DU BIST JEDOCH FÄHIG ZU GEDANKEN, DIE WELTWEIT IN TAUSENDEN BÜCHERN ABGE-DRUCKT WERDEN. UND DAS KÖNNTE HELFEN, DIE WIRKLICHKEIT ZU VER-ÄNDERN, ODER?
DANK UNSERER FANTASIE KÖNNEN WIR UNS GESCHICHTEN AUSDENKEN, ABER AUCH WAHRHEITEN ANS LICHT HOLEN, DIE MENSCHEN IN DER REALITÄT VERBORGEN BLEIBEN.
ODER?

IM PRINZIP WOLLEN SIE SAGEN, ICH, SOFIE AMUNDSEN, SOLLTE NICHT AUFHÖREN, DEN WEIßEN RABEN ZU SUCHEN?
?
FZZZZZ
FZZZZ
HMM.
DIE ANTWORT MUSS ICH WOHL GANZ ALLEINE FINDEN!
FZZZZ
Begib dich in die Altstadt! Dort erwartet dich mein Kollege.

ABER ZUERST MUSS ICH DEN MÜLL EINSAMMELN.
PHILOSOPHIE UND HANDELN!

LOS, SOFIE ...
TRAINIERE DEINEN GEIST UND VERSUCHE DANN, DIE WIRKLICHKEIT ZU VERÄNDERN!

16.
DIE AUFKLÄRUNG UND KANT
DA IST SIE JA!
GUTEN ABEND, VEREHRTE ...

UND WER SIND SIE?
ICH BIN EINE GELUNGENE SYNTHESE DER GROßEN FRANZÖSISCHEN DENKER DES 18. JAHRHUNDERTS, NAMENTLICH MONTESQUIEU, VOLTAIRE UND ROUSSEAU.
ZU IHREN DIENSTEN!
ICH HABE ...
HIHI.
... DIE NASE VON VOLTAIRE!
1694–1778
DIE AUGEN VON MONTESQUIEU.
DEN MUND VON ROUSSEAU.
1689–1755
1712–1778
UND DIE PERÜCKE, DIE ALLE DENKER DER AUFKLÄRUNG DAMALS TRUGEN!
SIE SIND ALSO EIN MISCHMASCH DER FRANZÖSISCHEN PHILOSOPHEN DER AUFKLÄRUNG.
HM!
ICH BEVORZUGE „GELUNGENE SYNTHESE".
WAS MIR GESTATTET, VEREHRTE SOFIE, IHNEN DIE SIEBEN GEDANKEN DARZULEGEN, DIE VON DER MEHRZAHL DER FRANZÖSISCHEN PHILOSOPHEN DER AUFKLÄRUNG GETEILT WERDEN.
VORAUSSCHICKEN MÖCHTE ICH, DASS ZAHLREICHE FRANZÖSISCHE PHILOSOPHEN DES 18. JAHRHUNDERTS IN ENGLAND WEILTEN, WO DAMALS GRÖßERE FREIHEITEN HERRSCHTEN ALS IN FRANKREICH.
DORT WAREN SIE FASZINIERT VON DER EXPERIMENTELLEN WISSENSCHAFT UND LOCKES POLITIKAUFFASSUNG.

AH, JA! WIE DIE GEWALTENTEILUNG UND DER GESELLSCHAFTSVERTRAG.
ZUM BEISPIEL.
INSPIRIERT VON DEN ENGLÄNDERN KEHREN DIE PHILOSOPHEN NACH FRANKREICH ZURÜCK UND BEGRÜNDEN EINE DENKRICHTUNG, DIE ICH IN SIEBEN PUNKTEN ZUSAMMENFASSE:
BUMM
KRACH
BUMM
BUMM
1. DER AUFSTAND GEGEN DIE AUTORITÄTEN
KEINE SORGE, DIES DIENT NUR DER VERANSCHAULICHUNG MEINER WORTE UND SOLL ZEIGEN, DASS DAS ALLES ZUR FRANZÖSISCHEN REVOLUTION GEFÜHRT HAT.
HIER DER STURM AUF DIE BASTILLE.
BUMM

UND WER VERTRAT DAMALS DIE AUTORITÄTEN?
DIE KIRCHE, DER KÖNIG, DER ADEL.
2. DER RATIONALISMUS
TOLL, SOKRATES!
ZUSAMMEN MIT MARK AUREL.
SOKRATES IST DOCH TOT, ODER?
SCHON. ABER IDEEN STERBEN NIE.
HIHI!
SO STEHEN WIR, DIE PHILOSOPHEN DER AUFKLÄRUNG, IN DER TRADITION ANTIKER HUMANISTEN – SOKRATES UND DER STOIKER –, DENN UNSER GLAUBE AN DIE VERNUNFT DES MENSCHEN IST UNERSCHÜTTERLICH.
3. DER GEDANKE DER AUFKLÄRUNG
ZIEL IST DIE AUFKLÄRUNG DER BREITEN VOLKSMASSE.
AHA.
UNSER ZEICHNER IST NICHT ZU BREMSEN.

PARDON?
ACH, NICHTS ...
ICH HABE GEWISSERMAßEN EIN UMFASSENDES BEWUSSTSEIN FÜR EINE SITUATION, DIE ICH KAUM ERKLÄREN KANN.
DIE PHILOSOPHEN DER AUFKLÄRUNG SIND DAVON ÜBERZEUGT, DASS DIE VOLKSBILDUNG VORAUSSETZUNG IST...
... FÜR EINE BESSERE GESELLSCHAFT! ELEND UND AUSBEUTUNG SIND DIE FOLGEN VON UNWISSENHEIT UND ABERGAUBE IN DER BEVÖLKERUNG.
DAHER DIE KERNIDEE DER „ENZYKLOPÄDIE", DAS GESAMTE WISSEN AN EINEM ORT ZU VERSAMMELN UND ES MÖGLICHST VIELEN MENSCHEN ZUGÄNGLICH ZU MACHEN.
IN 28 BÄNDEN!
WOW!
QUASI DAS INTERNET VON DAMALS.
WENN SIE SO WOLLEN.
4. EIN GEWISSER KULTUROPTIMISMUS
FÜR EINEN MISCHMASCH HABEN SIE EINE IRRE AUSSTRAHLUNG.
„EINE GELUNGENE SYNTHESE."

WARUM KULTUROPTIMISMUS, WERDEN SIE SAGEN?
WEIL WIR GLAUBEN, DASS ES REICHT, VERNUNFT UND WISSEN ZU VERBREITEN, UM DIE MENSCHHEIT IN GROßEN SCHRITTEN VORANZUBRINGEN. ES IST NUR EINE FRAGE DER ZEIT, BIS DIE IGNORANZ EINER „AUFGEKLÄRTEN" MENSCHHEIT WEICHT.
GENAU. WARUM?
5. DIE RÜCKKEHR ZUR NATUR
FÜR UNS IST DAS WORT „NATUR" NAHEZU GLEICHBEDEUTEND MIT DEM WORT „VERNUNFT". DIE MENSCHLICHE VERNUNFT IST IN UNSEREN AUGEN ETWAS NATURGEGEBENES.
Die Natur ist gut, und der Mensch ist von Natur aus gut. Alles Übel liegt in der Gesellschaft.
Rousseau
SOSO. ALBERTO KANN ES NICHT LASSEN, SICH EINZUMISCHEN.
6. EINE NATÜRLICHE RELIGION
FÜR UNS PHILOSOPHEN DER AUFKLÄRUNG IST EINE WELT OHNE GOTT NICHT DENKBAR.
WIR GLAUBEN AN DIE UNSTERBLICHKEIT DER SEELE, WAS FÜR UNS EHER IN DEN BEREICH DER VERNUNFT ALS DEN DES GLAUBENS FÄLLT, WIE BEI DESCARTES.

ECHT ?
KOMISCH! FÜR MICH IST DAS EHER EINE FRAGE DES GLAUBENS ALS DER VERNUNFT.
JA, ABER SIE LEBEN AUCH NICHT IM 18. JAHRHUNDERT, VEREHRTE SOFIE.
WIR WOLLEN DAS CHRISTENTUM VON ALLEN WILLKÜRLICHEN DOGMEN ENTSTAUBEN!
DAS IST DEISMUS.
EINE AUFFASSUNG ALSO, WONACH GOTT DIE WELT VOR SEHR LANGER ZEIT ERSCHAFFEN UND SICH SEITDEM NICHT MEHR GEZEIGT HAT.
DEMNACH IST GOTT EIN HÖHERES WESEN, DAS SICH NUR IN DER NATUR UND IHREN GESETZEN OFFENBART, NICHT IN WUNDERN UND DERGLEICHEN ÜBERNATÜRLICHEM FIRLEFANZ.
?
FLAP FLAP FLAP FLAP
PLOP
89
ERKLÄRUNG DER MENSCHEN- UND BÜRGERRECHTE
Verfasst von der französischen ationalversammlung
1789

7. DIE ERKLÄRUNG DER MENSCHENRECHTE
DER WICHTIGSTE PUNKT VON ALLEN IST ...
WIR KÄMPFEN FÜR DIE ANERKENNUNG DER „NATÜRLICHEN RECHTE" DER BÜRGER!
KEINE ZENSUR, SONDERN MEINUNGSFREIHEIT! JEDER MUSS FREI DENKEN UND SEINE ÜBERZEUGUNGEN ÄUßERN KÖNNEN.
MIT „NATÜRLICHEN RECHTEN" MEINEN WIR DIE UNVERÄUßERLICHEN RECHTE, DIE SICH QUA GEBURT ERGEBEN.
UND DIE RECHTE DER FRAU?
DIE REVOLUTION VON 1789 LEGT EINE REIHE VON RECHTEN FEST, DIE FÜR ALLE „BÜRGER" GELTEN, AUCH FÜR DIE FRAUEN.
CONDORCET, DEN SIE HIER SEHEN, VERÖFFENTLICHT EINE ENTSPRECHENDE SCHRIFT. DOCH WÄHREND DER RESTAURATION ...
DIE RESTAURATION IST JENE EPOCHE IN DER GESCHICHTE FRANKREICHS, DIE DER WIEDERHERSTELLUNG DER MONARCHIE GILT.
... KEHRT MAN ZUR TRADITIONELLEN, MÄNNLICH DOMINIERTEN GESELLSCHAFTSORDNUNG ZURÜCK.

EINE FRAU, DIE FÜR DIE GLEICHBERECHTIGUNG VON MÄNNERN UND FRAUEN GEKÄMPFT HAT, WAR OLYMPE DE GOUGES.
1791 HABE ICH EINE ERKLÄRUNG DER FRAUENRECHTE VERÖFFENTLICHT.
1793 WURDE ICH HINGERICHTET, FRAUEN WURDE POLITISCHES ENGAGEMENT VERBOTEN.
AUA!
NA KLAR.
OOOH ...
FREIHEIT
BRÜDERLICHKEIT
GLEICHHEIT
SEHR SCHÖNE SCHLAGWORTE, UM DIE AUFKLÄRUNG ABZUSCHLIEẞEN!
DIE ABER NICHT FÜR ALLE GELTEN. DAMALS SO WENIG WIE HEUTE!

MENSCH …
… DIE AUFKLÄRUNG WIRKT AUFKLÄREND.
HIHI!
MAMA, WIR BRAUCHEN EINEN NEUEN GESELLSCHAFTSVERTRAG ZWISCHEN DEN MENSCHEN UND DER WELT!
UND EINE NEUE ERKLÄRUNG DER RECHTE DER FRAU GLEICH MIT DAZU!
SEHR SCHÖN, ICH SEHE, DASS DU IM DENKEN FORTSCHRITTE MACHST.
BIST DU SCHON AUF KANT GESTOßEN?
NEIN.
KNACK
WEIßT DU, DASS ICH ÜBER IHN PROMOVIERT HABE?
OH, DAS RIECHT STARK NACH EINEM VORTRAG.
HMM.
KOMISCHE VORSTELLUNG, DASS DAS HAUS NUR EINE ZEICHNUNG SEIN SOLL …

KOMM, SOFIE!
... UND AUCH SIE BLOß EINE COMIC-FIGUR.
NA? WAS IST LOS MIT DIR? HAST DU ...
... EINEN DURCH-HÄNGER?
KOMM SCHON! WIR LASSEN UNS NICHT ENTMUTIGEN!
DAS SCHWIERIGSTE STEHT NOCH BEVOR!
WIE ERMUTI-GEND!

IMMANUEL KANT WURDE 1724 GEBOREN UND STARB 1804. ER LEBTE IN OSTPREUßEN ...
... UND WOLLTE DIE GRUNDFESTEN DES CHRISTLICHEN GLAUBENS RETTEN.
DAS IST ER.
KANT
LAUT KANT HATTEN RATIONALISTEN UND EMPIRISTEN RECHT UND UNRECHT ZUGLEICH.
KANT
EMPFINDUNGEN WIE AUCH VERNUNFT SPIELEN EINE GROßE ROLLE, ABER ER WAR DER ANSICHT, DIE RATIONALISTEN WÜRDEN DER VERNUNFT ZU VIEL MACHT EINRÄUMEN UND DIE EMPIRISTEN SICH ZU SEHR AUF IHRE SINNLICHEN ERFAHRUNGEN BESCHRÄNKEN.
DASS DIE SINNLICHE ERFAHRUNG DER URSPRUNG ALLER ERKENNTNIS IST, RÄUMTE ER IM ANSCHLUSS AN DIE EMPIRISTEN BEREITWILLIG EIN, ABER ...
SETZ DIE MAL AUF!
... ER FÜGTE HINZU, DASS ALLEIN UNSERE VERNUNFT ANALYSIEREN KANN, WIE WIR DIE WELT WAHRNEHMEN.

ALLES IST GANZ ROT!
WEIL DIE GLÄSER BESTIMMEN, WIE DU DIE WELT SIEHST.
ALLES, WAS DU SIEHST, GEHÖRT DER ÄUßEREN WELT AN. ABER WIE DU ES SIEHST, IST EINE FRAGE DER BRILLE!
DU KANNST NICHT BEHAUPTEN, DIE WELT SEI ROT, NUR WEIL DU SIE SO WAHRNIMMST.
IN DIESEM SINNE DACHTE KANT, DASS …
… UNSERE VERNUNFT ÜBER FÄHIGKEITEN VERFÜGT, DIE UNSERE SINNLICHEN ERFAHRUNGEN BESTIMMEN.
WAS FÜR FÄHIGKEITEN?
WELCHER ART UNSERE SINNLICHE ERFAHRUNG AUCH IST, SIE IST ZWANGSLÄUFIG IN RAUM UND ZEIT EINGEBETTET.
RAUM UND ZEIT SIND DIE BEIDEN FORMEN DES MENSCHLICHEN EMPFINDENS, DIE JEDER ERFAHRUNG VORAUSGEHEN. KANT SPRICHT VON „A PRIORI“.
DAS BEWUSSTSEIN DES MENSCHEN IST FOLGLICH KEIN WEIßES BLATT PAPIER, AUF DAS SICH DIE EINDRÜCKE UNSERER SINNE QUASI PASSIV EINSCHREIBEN. ES IST VIELMEHR EINE AKTIVE INSTANZ, DA DAS BEWUSSTSEIN UNSERE VORSTELLUNG VON DER WELT BESTIMMT.
NOCH EIN BEISPIEL?
SEHR GERN, DENN …
DAS KAUSALITÄTSPRINZIP.
HUME WAR DER ANSICHT, NUR DIE GEWOHNHEIT LASSE UNS AN EINE LOGISCHE ABFOLGE VON PHÄNOMENEN GLAUBEN.

ICH, KANT, ERACHTE DIES ALS EINE DER VERNUNFT INNEWOHNENDE EIGENSCHAFT. WIR TRAGEN DIESEN HANG ZUR KAUSALITÄT IN UNS.
KANT
MERK DIR FOLGENDES: IN KANTS AUGEN KÖNNEN WIR NUR WISSEN, WIE DIE WELT „FÜR UNS" IST. DAS IST GANZ ZENTRAL.
ER UNTERSCHEIDET DIE WELT „AN SICH" UND DIE WELT „FÜR UNS".
WIR SEHEN DIE WELT STETS DURCH DIE BRILLE UNSERER WAHRNEHMUNG.
FASSEN WIR ZUSAMMEN ...
STOPP, ICH MUSS MEINEN KOPF LÜFTEN, UM DEN REST AUCH MITZUKRIEGEN.
UND MEINE NEURONEN STIMULIEREN, DAMIT SIE NICHT HEIß LAUFEN.
ICH HÖRE.
PUH
AUF DER EINEN SEITE HABEN WIR DIE ÄUßEREN ELEMENTE, DIE WIR ERST ERKENNEN KÖNNEN, WENN WIR SIE ERFAHREN HABEN: DAS NENNEN WIR DEN STOFF DER ERKENNTNIS.
KANT
KANT

AUF DER ANDEREN SEITE HABEN WIR DIE EIGENSCHAFTEN DER MENSCHLICHEN VERNUNFT, ZUM BEISPIEL, DASS WIR JEDES EREIGNIS IN RAUM UND ZEIT BEGREIFEN ODER ES IN EIN VERHÄLTNIS VON URSACHE UND WIRKUNG SETZEN: DAS KANN MAN ALS DIE FORM DER ERKENNTNIS BEZEICHNEN.
KANT
OKAY.
KANT MACHT AUCH DEUTLICH, DASS DIE MENSCHLICHE ERKENNTNIS KLARE GRENZEN HAT.
ZUM BEISPIEL, OB ES EINE UNSTERBLICHE SEELE ODER EINEN GOTT GIBT. ER IST DER ANSICHT, DIE BEANTWORTUNG DIESER FRAGEN SEI NICHT AUFGABE DES MENSCHEN.
ICH DENKE, DANN WÜRDE DIE VERNUNFT AUßERHALB DES ERKENNTNISBEREICHS AGIEREN, WEIL WIR KEINEN ZUGANG ZU SINNLICH WAHRNEHMBAREN PHÄNOMENEN ODER ERFAHRUNGEN HABEN, AUF DIE WIR UNS BEZIEHEN KÖNNEN.
DA ES BEI DIESEN THEMEN KEINE ERFAHRUNG GEBEN KANN, SIND SIE FÜR IHN EINE FRAGE DES GLAUBENS.
DAHER GILT ES VORAUSZUSETZEN, DASS DER MENSCH EINE UNSTERBLICHE SEELE HAT, ES EINEN GOTT GIBT UND DER MENSCH ÜBER EINEN FREIEN WILLEN VERFÜGT.
KANT
KANT
DESCARTES WOLLTE MITHILFE DER VERNUNFT BEWEISEN, DASS GOTT EXISTIERT. FÜR MICH IST DAS UNMÖGLICH, MAN MUSS SCHLICHT DARAN GLAUBEN.
KRITIK DER REINEN VERNUNFT

DEN GLAUBEN AN GOTT NENNT ER EIN „POSTULAT DER REINEN PRAKTISCHEN VERNUNFT".
Kant
UNTER „POSTULAT" VERSTEHT ER ETWAS, WAS MAN BEHAUPTET, OHNE ES ZU BEWEISEN, UND DAS DIE „PRAXIS" DES MENSCHEN BETRIFFT, MIT ANDEREN WORTEN SEINE MORAL. VERSTEHST DU?
FIZZZ
...
SORRY, ICH BIN ZU SCHNELL.
NEIN. ES IST EINFACH HEFTIG.
PUFF
ICH MACHE UNS EINEN TEE.
BOING
LIEBER KAFFEE, DER IST STÄRKER!
PLOP
PLOP
PLOP
PLOP
PLOP
PLOP

SCHÖNES WETTER, WAS?
JA, UND DER GARTEN IST HERRLICH.
WEITER GEHT'S?
OKAY!
?!?
WENDEN WIR UNS NUN DER UNTERSCHEIDUNG ZWISCHEN GUT UND BÖSE ZU.
FÜR MICH WISSEN ALLE MENSCHEN, WAS RICHTIG UND WAS FALSCH IST. UND DAS WISSEN WIR NICHT, WEIL WIR ES GELERNT HABEN, SONDERN WEIL ES IN UNSERER VERNUNFT VERANKERT IST.
QUASI ANGEBOREN.
JA, ALLE MENSCHEN HABEN ZUGANG ZU DEMSELBEN UNIVERSELLEN MORALGESETZ. ES IST EBENSO ABSOLUT WIE DIE PHYSIKALISCHEN GESETZE FÜR NATURPHÄNOMENE.
ES IST EIN KATEGORISCHES GESETZ, DAS HEIßT, ES GILT IN ALLEN SITUATIONEN UND UNTER ALLEN UMSTÄNDEN. UND ES IST IMPERATIV, DAS HEIßT, SEINEM BEFEHL MUSS MAN ZWINGEND GEHORCHEN.
Immanuel Kant

BEI KANT IST OFT VON EINER PFLICHTETHIK DIE REDE.
WENN DU ZUM BEISPIEL EINEN SPENDENLAUF MITMACHST, UM GELD FÜR MIGRANTEN ZU SAMMELN.
WICHTIG IST, DASS DU DABEI DAS GEFÜHL HAST, DAS RICHTIGE ZU TUN.
ES GEHT NICHT DARUM, WIE VIEL GELD DU ZUSAMMENKRIEGST, ...
... SONDERN DARUM, DASS DU AUS PFLICHTGEFÜHL HANDELST.
ES IST EINE ETHIK DES GUTEN WILLENS.
UND LAUT KANT HANDELN WIR NUR DANN FREI, WENN WIR UNS BEWUSST SIND, DASS WIR NACH DEN GEBOTEN DES MORAL-GESETZES HANDELN.
MOMENT! MAN IST FREI, WENN MAN EIN GESETZ BEFOLGT?
DAS IST DOCH PARADOX!
NICHT FÜR KANT!
OKAY. VOM VERSTAND HER HABE ICH KAPIERT, WAS DU MIR ZU KANT ERZÄHLT HAST, ABER DAS IST DOCH ALLES TOTAL VERKOPFT!
WAS NÜTZT UNS DAS HEUTE NOCH?

KANTS GEDANKEN KÖNNEN UNS ZUM NACHDENKEN ÜBER DAS HEUTE ANREGEN!
TJA ... HM!
KLACK
KOMM! ICH MUSS MICH ETWAS AUSPOWERN.
HEUTE GIBT ES VIELE VÖLKER, DIE SICH GEGEN AUTORITÄRE REGIME AUFZULEHNEN VERSUCHEN.
SO!
DIE AUTORITÄREN MACHTHABER VERSUCHEN, SIE ZUM SCHWEIGEN ZU BRINGEN. UND SIE DREHEN ES SO HIN, DASS DAS VOLK AUF GRUNDFREIHEITEN VERZICHTET, WEIL ES ANGEBLICH NICHT REIF FÜR DIE FREIHEIT IST.
ÄCHZ!
ZACK
SO MACHEN DIE AUTORITÄREN MACHTHABER DAS VOLK MUNDTOT UND HALTEN ES IN RÜCKSTÄNDIGEN GESELLSCHAFTEN GEFANGEN.
KLACK
ÄCHZ!
ZACK

DAS KLINGT ALLES SO, ALS WÄRE ES MIR SELBST EBEN EINGEFALLEN.
DABEI HAT KANT DIE THEORIE ENTWICKELT!
1789, WÄHREND DER FRANZÖSISCHEN REVOLUTION.
DAMALS HAT ER GESAGT, VERANTWORTLICH DAFÜR, DASS DAS VOLK NICHT REIF FÜR DIE FREIHEIT IST, SIND GENAU DIEJENIGEN, DIE ES IN EINER FORM DER KNECHTSCHAFT HALTEN.
DER EINZIGE WEG ZUR FREIHEIT SEI, IN DIE FREIHEIT ENTLASSEN ZU WERDEN, MEINTE ER.
MERK DIR DAS GUT, LIEBES!
KLACK
KLACK
UM AUTONOM ZU WERDEN, DAS HEIßT, SEINE FREIHEIT POLITISCH NUTZEN ZU KÖNNEN, MÜSSEN DIE ZWÄNGE, DIE AUF DEM VOLK LASTEN, BESEITIGT WERDEN.
KLACK
MAN MUSS DEM VOLK ALSO VERTRAUEN.
GENAU! KANT SAGT UNS, FREIHEIT SEI NICHT VERHANDELBAR, SIE SEI EIN PRINZIP, EINE FORM DER WÜRDE, DIE UNABHÄNGIG VON UMSTÄNDEN UND IHREN AUSWIRKUNGEN DURCHGESETZT WERDEN MUSS.
SELBST WENN DIE AUSWIRKUNGEN ZEITWEISE UNANGENEHM SEIN KÖNNEN.

ÄCHZ!
SPLITTER
AUA!
HOLZHACKEN KANN ZEITWEISE AUCH UNANGENEHME AUSWIRKUNGEN HABEN.
DAS WIRD MICH ABER NICHT DAVON ABHALTEN, ES TROTZDEM ZU TUN. BEIM HEIZEN UNABHÄNGIG ZU SEIN, IST AUCH EINE FORM VON FREIHEIT!
HIHI.
ICH GLAUBE, ICH WEIß, VON WEM ICH MEINEN DICKKOPF HABE!

HUUII!
MMMMMM
ICH GLAUBE, ICH HABE BEI KANT ETWAS VERSTANDEN, DAS MACHT MICH DOCH EIN BISSCHEN STOLZ!
AAAAAAHHHH...
PLÖTZLICH BIN ICH HUNDEMÜDE. KOMISCH, DABEI HABE NICHT ICH HOLZ GEHACKT.
BESTIMMT EIN NEUER SCHACHZUG UNSERES AUTORS.
ICH WERDE ABER NICHT EINSCHLAFEN!!!
ZZ

KRRRRRRRRR
..
KRRRRRR
?
MAMA IST DRAUßEN.
WER IST DENN DANN IN MEINEM ZIMMER?
KRRR
HILDE?!?
WAS MACHST DU BEI MIR DAHEIM?!
HE! HÖRST DU MICH?

?
SIE SIEHT MICH NICHT.
UND WIE DURCH ZUFALL LIEST SIE DIE SEITEN MIT MIR DARIN.
AUA!
SPLITTER
WIE IST SIE DENN DA RANGE-KOMMEN?
AUA!
NA? FERTIG MIT DEN HAUSAUFGABEN?
MAMA?
HIHI.
SIE KANN MICH AUCH NICHT SEHEN?!

WANN KOMMT PAPA ZURÜCK?
ICH WEIẞ NICHT, LIEBES. ER RECHERCHIERT FÜR SEINEN NÄCHSTEN COMIC.
„PAPA" ...
„LIEBES"?
WAS MACHST DU DA?
PAPA WILL, DASS ICH SEINEN NEUEN COMIC LESE, ICH HABE MIR DIE SEITEN AUS DEM ATELIER GEHOLT.
SIEH MAL, HIER IST UNSER HAUS ...
... MIT DIR DARIN!
ER HAT MICH GANZ GUT GETROFFEN!
WAS FÜR EIN ALBTRAUM!
SOGAR SEIN ATELIER! WIE IN ECHT.
TRÖDEL NICHT ZU LANGE RUM, WIR ESSEN BALD.
ICH MUSS MICH WIEDER EINKRIEGEN, VERSTEHEN ...
ICH WEIẞ!!!

MEIN AUTOR IST HILDES VATER.
UND ER HAT SICH VON SEINEM HAUS UND SEINER FAMILIE INSPIRIEREN LASSEN.
ALLES IST GLEICH!
NUR DASS ER EINE BRÜNETTE SOFIE GEZEICHNET HAT, WÄHREND SEINE HILDE BLOND IST!!!
HILDE?
ICH BIN DIE FIGUR AUS DER GRAPHIC NOVEL, DIE DU GERADE LIEST!
HE HO!
DU KÖNNTEST MIR VIELLEICHT HELFEN!
ICH WÜRDE NÄMLICH GERN EIN UNABHÄNGIGES LEBEN FÜHREN.
NICHT NUR MACHEN UND SAGEN, WAS DEIN VATER WILL.
HILDE!!
ICH WILL RAUS AUS DIESEN KÄSTCHEN!!!
HÖRST DU MICH?!
BUMM
BUMM

VERDAMMT!
RUMS!
AUA!
BLÖDE MÜCKE.
ES NÜTZT NICHTS.
ICH BIN WIRKLICH ...
... NICHTS!
REIN GAR NICHTS.

KRRRRRRRR
...
KRRR
ALBERTO?
AAAH!
DU WIRKST GERADE ÄUßERST DEPRIMIERT. PERFEKT, SOFIE!
EINE VERZWEIFELTE JUNGE SCHÜLERIN IST EIN GUTER AUSGANGSPUNKT FÜR DIE ROMANTIK.

ES IST SCHRECKLICH, ALBERTO!
MEIN HAUS IST NICHT MEIN HAUS, MEINE MUTTER NICHT MEINE MUTTER!
ICH LEBE DAS LEBEN VON HILDE.
DU HAST GETRÄUMT.
BRAAAAAHAA!
ICH WEIß!
ABER TRÄUME SIND MANCHMAL ZUVERLÄSSIGER ALS UNSERE WELT, DURCH SIE ERFAHRE ICH EINE WAHRHEIT, ZU DER ICH SONST KEINEN ZUGANG HABE.
JA, WIE WICHTIG TRÄUME SIND ...
ABER FÜR FREUD IST ES NOCH ZU FRÜH, WIR SIND ERST IN DER ROMANTIK.
ICH HABE KEINE LUST MEHR, ICH BIN GENERVT!

11 Die Romantik
PLUS HEGEL UND KIERKEGAARD

DAS WURDE MIT DEM BLUT DES JUNGEN WERTHER GESCHRIEBEN, DER SYMBOLFIGUR DER ROMANTIK.
ICH HABE KEINE LUST AUF PHILOSOPHIE, ALBERTO.
WEIßT DU, DASS DU MIR AUS DER HÜTTE AM SEE GESCHRIEBEN HAST, WEIL DORT DAS ATELIER UNSERES ZEICHNERS IST?
ER HAT SICH AUS SEINEM UMFELD BEDIENT, UM UNSERE REALITÄT ZU ZEICHNEN! VIELLEICHT SIEHST DU AUS WIE SEIN GROßVATER ODER SEIN BESTER FREUND.
DIE ROMANTIK DAUERT VOM AUSGEHENDEN 18. BIS ZUR MITTE DES 19. JAHRHUNDERTS.
ES IST DIE LETZTE GROßE KULTUREPOCHE, DIE EUROPA ERLEBT HAT, EINE GROßE BEWEGUNG ALSO, DIE LITERATUR, PHILOSOPHIE, MALEREI, WISSENSCHAFT UND MUSIK GLEICHERMAßEN UMFASST.
DIE LETZTE BEWEGUNG, DIE EINEN LEBENSSTIL DEFINIERT.
DU LÄUFST AUF AUTOPILOT, ALBERTO!
MIR REICHT'S!!!

ICH WILL NICHT MEHR NUR EIN ELEKTROMAGNETISCHER IMPULS IM KOPF UNSERES AUTORS SEIN.
LEB WOHL!

...
WIR MÜSSEN WEITERPHILO-SOPHIEREN. DAS IST NICHT ZU ÄNDERN, SOFIE.
ICH GLAUBE ÜBRIGENS, DASS DU DICH NICHT OHNE GRUND IN DIESEM ZUSTAND DER VERZWEIFLUNG BEFINDEST. ER IST TYPISCH FÜR ROMANTISCHE HELDEN!
NACH DEM EHER STRENGEN KANT BRAUCHT DIE JUGEND IN DEUTSCHLAND FRISCHE LUFT.
NATUR!

DIE NEUEN SCHLAGWORTE DER ROMANTIK LAUTEN ...
... GEFÜHL, FANTASIE, ERLEBEN UND SEHNSUCHT!
LEB WOHL!
PLATSCH
KANT HATTE BEREITS DIE BEDEUTUNG DES SUBJEKTS AUF DEM WEG ZUR ERKENNTNIS HERVORGEHOBEN.
DIE ROMANTIKER TREIBEN DIESEN KULT UM DAS EIGENE ICH BIS ZUM EXZESS, WAS IN DER IDEE DES KÜNSTLERISCHEN GENIES ALS WESEN DES ROMANTISCHEN GEISTES MÜNDET.
RHAAA
SPRITZ
UNSER AUTOR IST ALLES, BLOß KEIN GENIE!
PLATSCH
PLATSCH
SAG NICHT STÄNDIG „UNSER" AUTOR. ICH GLAUBE AUßERDEM, SIE SIND ZU ZWEIT, UND ES GIBT NOCH DAZU EINE ROMANVORLAGE.
AUCH GIBT ES VIELE GEMEINSAMKEITEN ZWISCHEN DER RENAISSANCE UND DER ROMANTIK, INSBESONDERE, DASS DER KUNST ALS MITTEL DER ERKENNTNIS EIN BESONDERER STELLENWERT ZUGEBILLIGT WIRD.

FÜR DIE ROMANTIKER RÜHRT ALLEIN DIE KUNST AN DAS UNSAGBARE.
SCHAU, EIN HIMMEL À LA TURNER!
DIE FANTASIE DES KÜNSTLERS HEBT DIE UNTERSCHEIDUNG ZWISCHEN TRAUM UND WIRKLICHKEIT AUF.
SIEHST DU DIE SELTSAMEN FIGUREN AUF DEM GEMÄLDE VON FÜSSLI?
KOMMENTARE, KOMMENTARE, KOMMENTARE ...
ICH WILL FREI SEIN!
UND WENN DAS NICHT GEHT, DANN TSCHÜSS!

VRROMMM
LEB WOHL!
WRMMMMM
?!
PUH!
O, DU GELIEBTE. WARUM?
DIE TYPISCH ROMANTISCHE VORSTELLUNG VON DER LIEBE IST DIE UNMÖGLICHE LIEBE!
ZUM BEISPIEL IN GOETHES „DIE LEIDEN DES JUNGEN WERTHER" VON 1774, WO WERTHER SELBSTMORD BEGEHT, WEIL ER DIE FRAU, DIE ER LIEBT, NICHT HABEN KANN.

SAG IHM, ER SOLL SICH ABREGEN, SELBSTMORD IST HIER NICHT MÖGLICH.
WUSSTEST DU, DASS ES NACH ERSCHEINEN DES ROMANS UNTER JUGENDLICHEN ZU EINER GROßEN WELLE AN SELBSTMORDEN KAM?!
MIT DER PISTOLE, WIE BEI WERTHER.
NEIN, NEIN, NEIN!
ICH WILL, DASS DAS AUFHÖRT!!!

DA!
GENAU!
DER TYPISCHE ROMANTIKER IST EIN JUNGER STUDENT, EIN STÄDTER MIT ANTIBÜRGERLICHER LEBENSEINSTELLUNG.
?!!
DIE ERSTE GENERATION VON ROMANTIKERN IST IM JAHR 1800 20 JAHRE ALT. ES IST DIE ERSTE JUGENDREVOLTE IN EUROPA.
!!!
MÜßIGGANG GILT ALS IDEAL DES GENIES UND FAULHEIT ALS TUGEND DER ROMANTIK.
ES GEHT DARUM, ALLES MÖGLICHE ZU ERLEBEN.
ABER AUCH, DER WELT DURCH TRÄUME ZU ENTFLIEHEN!
DU MACHST ES DIR LEICHT, AUTOR!!! ALLES SPRICHT ZU MIR!
EINFACH SO.
SO EIN SCHWACHSINN!
O NEIN. DIE ROMANTIKER SIND NÄMLICH PANTHEISTEN!
IM GEGENSATZ ZU HUME ODER DESCARTES, DIE DAS ICH UND DIE REALITÄT VONEINANDER GETRENNT HABEN, ERKLÄREN DIE ROMANTIKER DIE NATUR ZU EINEM EINZIGEN GROßEN „ICH".

SIE SEHNEN SICH NACH EINER WILDEN, MYSTISCHEN NATUR IM STIL VON ROUSSEAU. DIE NATUR WIRD ALS EIN GANZES BETRACHTET.
SIE STEHEN IN DER TRADITION VON SPINOZA UND DEN PHILOSOPHEN DER RENAISSANCE. MAN WOLLTE INMITTEN DER NATUR EIN GÖTTLICHES „ICH" ERLEBEN.
DIE ROMANTIKER WOLLTEN AUCH SPUREN WEITER ENTFERNTER KULTUREN FINDEN ...
??
ICH GEHE JETZT. LEBT WOHL, IHR KÄSTCHEN UND SPRECHBLASEN!
?
... WIE DER ORIENTALISCHEN MYSTIK, Z.B. IN DEM WUNDERSCHÖNEN GEMÄLDE „DAS TÜRKISCHE BAD" VON INGRES.

SOFIE ...
SEI STILL, SAG ICH!
SCHLUSS MIT PHILOSOPHIE!
ÄCHZ!
RATSCH
CIAO!
GUTEN TAG. ICH BIN SCHELLING, DEUTSCHER PHILOSOPH.
?!?
SCHELLING
SCHEIßE!
ICH VERSUCHE, DIE UNTERSCHEIDUNG ZWISCHEN GEIST UND MATERIE AUFZUHEBEN.
SEI STILL!
KLATSCH
FÜR MICH SIND DIE NATUR UND DAS BEWUSSTSEIN DES MENSCHEN SCHLICHT ZWEI AUSDRUCKSFORMEN DERSELBEN SACHE.
DER MENSCH TRÄGT DAS GESAMTE UNIVERSUM IN SICH, UND NUR WENN ER IN SICH SELBST EINTAUCHT, KANN ER DAS GEHEIMNIS DER WELT SPÜREN.
RAAH!
PUFF
PHILOSOPHIE, EXPERIMENTELLE WISSENSCHAFTEN UND LITERATUR SIND TEIL EINES GROßEN GANZEN. OB MAN AM SCHREIBTISCH SITZT UND GEDICHTE VERFASST ODER DAS LEBEN DER BLUMEN STUDIERT, ES IST EIN UND DASSELBE.

CIAO!
ÄCHZ!
RATSCH
SOFIE ...
SEI STILL, SAG ICH!
SCHLUSS MIT PHILOSOPHIE!
ICH VERSUCHE, DIE UNTERSCHEIDUNG ZWISCHEN GEIST UND MATERIE AUFZUHEBEN.
SCHEIßE!
GUTEN TAG. ICH BIN SCHELLING, DEUTSCHER PHILOSOPH.
YEAH!
DIESMAL HAUE ICH AB! ICH VERDUFTE! ICH ENTZIEHE MICH!
ES GIBT ZWEI FORMEN VON ROMANTIK.
DIE ERSTE, VON DER WIR GERADE GESPROCHEN HABEN, IST DIE UNIVERSALROMANTIK. SIE HAT SICH UM 1800 IN DEUTSCHLAND HERAUSGEBILDET UND BEFASST SICH MIT DER NATUR, DER WELTSEELE UND DEM KÜNSTLERISCHEN GENIE.
?!
PUFF

RAAAH
EINE IDEE, SCHNELL !!!
DIE ZWEITE FORM DER ROMANTIK IST DIE NATIONALROMANTIK, DIE SICH FÜR DIE GESCHICHTE UND DIE SPRACHE DES „VOLKES" INTERESSIERT, ALSO ALLES, WAS MIT DER VOLKSTÜMLICHEN KULTUR ZU TUN HAT.
Grimm
ALLES – OB EINE PFLANZE, DAS VOLK, EIN GEDICHT ODER DIE SPRACHE – WIRD ALS LEBENDER ORGANISMUS BETRACHTET!
UND SO IST DER „WELTGEIST" SOWOHL IN DER NATUR ALS AUCH IN DER VOLKSTÜMLICHEN KULTUR PRÄSENT.
DIE BEVORZUGTE LITERARISCHE FORM DER ROMANTIKER IST DAS MÄRCHEN.
WIE BEI UNSEREN AUTOREN, DEN GEBRÜDERN GRIMM.
ABER AUCH BEI ANDERSEN UND HOFFMANN.
DAS MÄRCHEN ERLAUBT DEM AUTOR, SEINER FANTASIE FREIEN LAUF ZU LASSEN!
Grimm
DER AKT DER SCHÖPFUNG ENTZIEHT SICH IMMER AUCH DEM BEWUSSTSEIN SEINES SCHÖPFERS.

WAR DEN AUTOREN BEWUSST, DASS DIE SZENE, WENN ICH MICH STECHE UND BLUTE, AN DAS EINSETZEN DER ERSTEN MENSTRUATION DENKEN LÄSST?
Grimm
ZUGLEICH KANN DER SCHÖPFER JEDERZEIT DEN BANN DER FIKTIVEN ILLUSION BRECHEN, INDEM ER DARAN ERINNERT, DASS ALLES NUR EIN MÄRCHEN IST.
WIE IBSEN IN DEM STÜCK „PEER GYNT", ALS ER SAGT: „MAN STIRBT NICHT MITTEN IM FÜNFTEN AKT."
HA HA HA HA HA!
HA HA HA!
MITTEN IM FÜNFTEN AKT ...
HA HA HA!
Grimm
NA KLAR.
ODER WIE ICH, WENN ICH DIESEN KÄSTCHEN ENTKOMMEN WILL.
ENTKOMMEN IST UNMÖGLICH.
VOR ALLEM IN KÄSTCHEN 5 AUF SEITE 140!
HA HA
PFF ... MITTEN IM BUCH.

?
PUFF
PUFF
PUFF
PUFF
ICH HOFFE, SIE HABEN IHREN SPAß, LIEBER AUTOR.
MIR SETZT ES NÄMLICH GANZ SCHÖN ZU, DASS MEIN HAUS, MEIN ZIMMER, SOGAR MEINE MAMA ...
DASS DAS ALLES ...
PUH!
ABER GUT.
DA ICH NOCH NICHT HERAUSGEFUNDEN HABE, WIE ICH FLIEHEN KANN, BLEIBT MIR NUR, BEIM WARTEN ...
... STOISCH ZU SEIN.
HÜSTEL
HÜSTEL
?
UND WER SIND SIE?
HEGEL.
EIN PHILOSOPH DER ROMANTIK?
ICH WÜRDE EHER SAGEN, EIN SOHN DER ROMANTIK.
ICH SAMMLE UND ENTWICKLE DIE WICHTIGSTEN GEDANKENGÄNGE DER ROMANTIKER, ABER DAS HÄLT MICH NICHT DAVON AB, DIE PHILOSOPHIE VON SCHELLING, DEN DU EBEN GETROFFEN HAST, ENTSCHIEDEN ZU KRITISIEREN.

SCHELLING UND AUCH ANDERE SAHEN IM „WELTGEIST" DEN URSPRUNG DES LEBENS. ABER FÜR MICH HAT NUR DER MENSCH EINEN GEIST!
ICH GLAUBE, DASS DIE WAHRHEIT GRUNDSÄTZLICH SUBJEKTIV IST, UND ICH GLAUBE NICHT, DASS ES EINE WAHRHEIT ÜBER ODER AUßERHALB DER MENSCHLICHEN VERNUNFT GEBEN KANN.
ALLE ERKENNTNIS IST MENSCHLICHE ERKENNTNIS.
VOR MIR VERSUCHTEN PHILOSOPHISCHE SYSTEME, DIE EWIGEN MERKMALE ZU FINDEN, DIE DEN ERKENNTNISBEREICH DES MENSCHEN BESTIMMEN KÖNNTEN.
ABER ES GIBT KEINE EWIGE WAHRHEIT, KEINE ZEITLOSE VERNUNFT! JEDE ÜBERLEGUNG IST IN IHRER ZEIT VERHAFTET. DER EINZIGE FESTE PUNKT IST LETZTLICH DIE GESCHICHTE SELBST.
UND DIE GESCHICHTE GLEICHT DIESEM FLUSS.
DIE KLEINSTE BEWEGUNG DES WASSERS WIRD VON EINEM STEIN ODER DEN MÄANDERN DES FLUSSES BESTIMMT, JE NACHDEM, VON WO AUS DU IHN BETRACHTEST.
DIE VERGANGENHEIT LÄSST VIELES ÜBER UNS HINWEGSCHWAPPEN!
UND DIE MATERIELLEN BEDINGUNGEN, IN DENEN WIR UNS BEFINDEN, BEDINGEN UNSERE DENKWEISE.

MAN KANN FOLGLICH NICHT BEHAUPTEN, DIESER ODER JENER GEDANKE SEI RICHTIG ODER EWIG.
UM SIE ZU VERSTEHEN, MUSS MAN SICH DIE DINGE IN IHREM HISTORISCHEN KONTEXT VORSTELLEN!
VOR KAUM HUNDERT JAHREN SCHIEN ES ZUM BEISPIEL SINNVOLL, GROßE WALDFLÄCHEN ABZUBRENNEN, UM ACKERLAND ZU GEWINNEN. HEUTE HABEN WIR UNSERE MEINUNG DIESBEZÜGLICH KOMPLETT GEÄNDERT.
ZUM GLÜCK!
EBENSO WENIG KANN MAN PHILOSOPHEN ODER IHRE GEDANKEN VON IHREM HISTORISCHEN KONTEXT TRENNEN.
MAN DARF DEN MUT NICHT VERLIEREN, SOFIE. DENN FÜR MICH IST DIE „VERNUNFT" PROGRESSIV.
DAS HEIßT, DAS DENKEN ENTWICKELT EIN IMMER GRÖßERES BEWUSSTSEIN SEINER SELBST.
DIE GESCHICHTE IST DAS LANGSAME ERWACHEN DES DENKENS.

SEI OPTIMISTISCH!
WER INTENSIV IN DIE GESCHICHTE BLICKT, WIRD FEST-STELLEN, DASS DAS WISSEN ZUNIMMT!
DAS WAR INTERESSANT. ICH BIN FROH, DASS SICH MEINE STIMMUNG GEBESSERT HAT.
AUßERDEM HAST DU SCHON, OHNE ES ZU WISSEN, NACH SEINER DENK-WEISE GEAR-BEITET.
ECHT?
JA, DENN HEGEL HAT ZUM DIALEKTISCHEN PROZESS EINE THEORIE ENTWICKELT.
WIE BEI DEN ERÖRTERUNGEN IN DER SCHULE?
GENAU!
KAUM IST EINE THESE AUFGESTELLT, KOMMT EINE ANTITHESE ALS REAKTION AUF DIE ERSTE POSITION.
DADURCH ENTSTEHT EINE SPANNUNG ZWISCHEN ZWEI DENKWEISEN, DIE DANN ZU EINEM DRITTEN GEDANKEN FÜHRT, DER DIE SYNTHESE DER ERSTEN BEIDEN GEDANKEN DARSTELLT.
UND DIESE SYNTHESE WIRD SELBST ZU EINER NEUEN THESE USW. EINE FORTWÄHRENDE BEWEGUNG, DIE FÜR HEGEL EINE POSITIVE ENTWICKLUNG DARSTELLT!

HIER EIN KONKRETES BEISPIEL. MAN KÖNNTE SAGEN, MEIN RATIONALISMUS ...
... SEI DURCH MEINE EMPIRISCHE ANTITHESE WIDERLEGT WORDEN.
HUME
KANT
DESCARTES
DIE SPANNUNG ZWISCHEN DEN BEIDEN DENKWEISEN WURDE IN MEINER SYNTHESE BESTRITTEN UND ZUGLEICH BEIBEHALTEN.
EINER SYNTHESE, DIE ZUM AUSGANGSPUNKT FÜR EINE NEUE GEDANKENKETTE WURDE.
PUFF PUFF PUFF
HEGEL DENKT, DASS LETZTENDLICH DIE GESCHICHTE ZEIGEN WIRD, WAS WAHR UND WAS FALSCH WAR. WAS RICHTIG IST, WIRD WEITERLEBEN.
AUFFASSUNGEN, DIE UNS HEUTE SELBSTVERSTÄNDLICH ERSCHEINEN, WERDEN DEN TEST DER ZEIT GRÖßTENTEILS NICHT BESTEHEN.
DIE GESCHICHTE WIRD DIE AUSWAHL TREFFEN.

KIERKEGAARD

DAS IST KIERKEGAARD, EIN DÄNE MIT HANG ZUR SCHWERMUT, DEN HEGELS PHILOSOPHIE ERSCHÜTTERT HAT.
SEINER STRENGEN ERZIEHUNG VERDANKT ER EIN TIEFRELIGIÖSES GEFÜHL. ER BEURTEILTE SEINE ZEIT LEIDENSCHAFTSLOS UND NÜCHTERN UND KONNTE DIE MANGELNDE STRENGE IN DER DÄNISCHEN KIRCHE NICHT ERTRAGEN.

ER WAR SEINEN ZEITGENOSSEN GEGENÜBER NICHT SEHR NACHSICHTIG UND KRITISIERTE MIT SPITZER FEDER IHRE KONFORMITÄT.
AUCH TRAT ER FÜR EINE INDIVIDUALISTISCHE LEBENSAUFFASSUNG EIN.
WIR SIND NICHT NUR KINDER UNSERES JAHRHUNDERTS. JEDER VON UNS IST EINE EINZIGARTIGE PERSON, DIE NUR EINMAL LEBT!
DER PANTHEISMUS DER ROMANTIKER UND DER HISTORISMUS HEGELS ERBOSTEN KIERKEGAARD, ER FAND, SIE ERSTICKTEN …
… DIE INDIVIDUELLE VERANTWORTUNG!
FÜR KIERKEGAARD IST DIE RELIGION ETWAS SELBSTVERSTÄNDLICHES, DAS DER VERNUNFT ENTGEGENSTEHT. DAHER MUSS MAN SICH ENTSCHEIDEN.
FÜR DAS EINE ODER DAS ANDERE.
ICH FASSE MEINE GEDANKEN IN DREI PUNKTEN ZUSAMMEN.
1. EXISTENZ: DIE EXISTENZ DES EINZELNEN IST ZENTRAL, UND DER MENSCH ERLEBT SEINE EXISTENZ NICHT HINTER EINEM SCHREIBTISCH.
IM HANDELN, SPEZIELL ANGESICHTS VON ENTSCHEIDUNGEN, MÜSSEN WIR UNS MIT UNSERER EIGENEN EXISTENZ AUSEINANDERSETZEN.

2. DIE SUBJEKTIVE WAHRHEIT!
MIR GEHT ES NICHT DARUM, GROßE OBJEKTIVE WAHRHEITEN ZU FINDEN, DIE DAS LEBEN ALLER MENSCHEN BETREFFEN, SONDERN HERAUSZUFINDEN, WAS „FÜR MICH" WAHR IST.
WAHRHEIT IST SUBJEKTIV, WAS FÜR MICH NICHT BEDEUTET, DASS ALLE MEINUNGEN GLEICHERMAßEN GÜLTIG SIND, ABER WICHTIGE WAHRHEITEN SIND PERSÖNLICHER NATUR.
3. DER GLAUBE.
AUCH GIBT ES EINEN UNTERSCHIED ZWISCHEN DER PHILOSOPHISCHEN FRAGESTELLUNG BEZÜGLICH DER EXISTENZ GOTTES UND DER INDIVIDUELLEN EINSTELLUNG DAZU.
JEDER MENSCH IST BEI DER BEANTWORTUNG SOLCHER FRAGEN AUF SICH ALLEIN GESTELLT, UND NUR DER GLAUBE ERMÖGLICHT ES, SICH DIESEN PROBLEMEN ZU NÄHERN.
DIE DREI BEGRIFFE KIERKEGAARDS – EXISTENZ, SUBJEKTIVE WAHRHEIT UND GLAUBE – BESTIMMEN DIE KRITIK AN DER PHILOSOPHISCHEN TRADITION, BEI HEGEL ANGEFANGEN.

KIERKEGAARD HAT AUCH DREI EXISTENZ-MÖGLICHKEITEN HERAUSGEARBEITET.
ZUNÄCHST DAS ÄSTHETISCHE STADIUM, IN DEM MAN IM AUGENBLICK LEBT, AUF DER SUCHE NACH SEINEM VERGNÜGEN IN DER WELT DER SINNE.
ZWEITENS DAS ETHISCHE STADIUM, DAS VON ERNSTHAFTIGKEIT GEPRÄGT IST UND IN DEM MAN VERSUCHT, NACH MORALISCHEN MAßSTÄBEN ZU LEBEN, SIEHE DIE PFLICHTETHIK BEI KANT.
UND SCHLIEßLICH DAS RELIGIÖSE STADIUM: DEM SINNLICHEN VERGNÜGEN UND DER PFLICHTERFÜLLUNG WIRD DER GLAUBE VORGEZOGEN.
KIERKEGAARDS ÜBERLEGUNGEN WERDEN ZUM TEIL – OHNE DEN RELIGIÖSEN ASPEKT – VON DEN FRANZÖSISCHEN EXISTENZIALISTEN AUFGEGRIFFEN. ZU IHNEN KOMME ICH SPÄTER.
HIHI.
ICH MAG ES, WENN ER SAGT, DASS WIR IN HANDLUNGEN, BESONDERS ANGESICHTS VON ENTSCHEIDUNGEN, UNSERE EIGENE EXISTENZ BESTÄTIGEN.
DAS GEFÄLLT MIR!

MIR AUCH.

TJA ...
WAS FÜR EINE GESCHICHTE!
DIE ARME SOFIE, DIE SICH BEKLAGT, IN PAPAS COMIC EINGESCHLOSSEN ZU SEIN.
AH! HALLO, BAGHIRA.
ICH BIN GESPANNT, OB SIE AUS DEN SEITEN HERAUSSTEIGEN KANN. VERMUTLICH NICHT!
PAPA HAT SIE EINGESPERRT.
KLACK
STIMMT'S, KATZE? ER FÜHRT ZWAR VIELE PHILOSOPHEN AN, DIE ÜBER FREIHEIT REDEN, SPIELT ABER SELBST MIT SEINEN FIGUREN WIE EIN WISSENSCHAFTLER MIT MÄUSEN IM KÄFIG.
DU WIRST EINWENDEN, DASS ES SICH UM FIKTIVE FIGUREN HANDELT. TROTZDEM!
?
Sofies Welt
„Wer nicht von dreitausend Jahren sich weiß Rechenschaft zu geben, bleib im Dunkeln unerfahren, mag von Tag zu Tage leben."
Goethe
MEINST DU, WIR SIND VIELE?

„Wer nicht von dreitausend Jahren sich weiß Rechenschaft zu geben, bleib im Dunkeln unerfahren, mag von Tag zu Tage leben."
Goethe
PAPA ...
von Tag zu
u."
Goe
JA, DAS SAGST DU. ABER LETZTES MAL WOLLTEST DU NUR EINE WOCHE WEG SEIN UND BIST ERST NACH ZWEI MONATEN WIEDERGEKOMMEN!
SO LANGE DAUERT ES NICHT.
UND ES IST WICHTIG, DAS WEIẞT DU!
HMM.
„HMM" IST MIR ZU WENIG. DIESE MENSCHEN LEBEN UND ARBEITEN UNTER MISERABLEN BEDINGUNGEN!
JA, ICH WEIẞ. „DIE SKLAVEN DER MODERNE".
ABER BRAUCHEN SIE DICH DORT WIRKLICH?

MEIN COMIC WIRD VON IHNEN ERZÄHLEN, IHRE SITUATION BEKANNT MACHEN, IHNEN HELFEN.
LERNT IHR IN DER SCHULE NICHTS DARÜBER, UNTER WELCHEN BEDINGUNGEN ARME MENSCHEN AM ANDEREN ENDE DER WELT EURE KLEIDUNG HERSTELLEN?
NEIN, EHER NICHT.
UND SKLAVEREI GANZ ALLGEMEIN? HABT IHR DIE IN GESCHICHTE DURCHGENOMMEN?
DU MEINST DAS LEBEN DER SCHWARZEN IN DEN USA VOR URZEITEN?
NICHT NUR. DIE AUSBEUTUNG DER SCHWARZEN IN EUROPA? DIE SKLAVEREI IN DEN EUROPÄISCHEN KOLONIEN? ALL DAS?
NEIN.
NICHTS?
NICHTS.
„WER NICHT VON DREITAUSEND JAHREN SICH WEIß RECHENSCHAFT ZU GEBEN, BLEIB IM DUNKELN UNERFAHREN, MAG VON TAG ZU TAGE LEBEN."
WAS?
DARUM SCHREIBE ICH DIESE ART VON REPORTAGE.
MIT MEINEN COMICS KANN ICH JUNGE MENSCHEN WIE DICH ERREICHEN!
EUCH AUF FRÜHERE UND AKTUELLE UNGERECHTIGKEITEN HINWEISEN!
EUCH ZUM SELBSTSTÄNDIGEN DENKEN BEWEGEN.

DOCH UM NACHDENKEN ZU KÖNNEN, BRAUCHT IHR EIN MINIMUM AN INFORMATIONEN. AN DENKWERKZEUGEN.
WIR SIND JUNG, ABER NICHT DUMM, PAPA!
NATÜRLICH! ICH WILL ...
... MICH NUR LIEBER UM DAS ELEND ARMER KINDER IN DER WELT KÜMMERN ALS UM MEINE EIGENE TOCHTER!
...
ICH MELDE MICH PER VIDEOCHAT. SO SEHEN UND SPRECHEN WIR UNS WIEDER.
FALLS ICH DANN ZEIT HABE.
GUTE REISE!
BANG

MEIN PAPA IST ECHT EIN KOMISCHER TYP.
ER IST NIE DA, ABER WEIL ER MICH TROTZDEM ERZIEHEN WILL, ZEICHNET ER EINEN COMIC ÜBER DIE GESCHICHTE DER PHILOSOPHIE.
DAMIT ICH AUS DREITAUSEND JAHREN GESCHICHTE LERNEN KANN.
TJA.
ECHT NETT, DASS ER IHN MIR GEWIDMET HAT.
ICH HABE WIRKLICH ALLERHAND GELERNT.
UND ICH KOMME SELBST DARIN VOR!
ER MUSS EIN TOTAL SCHLECHTES GEWISSEN HABEN.
ZWECKS ERZIEHUNG SEINER TOCHTER HAT ER SICH MÄCHTIG UNTER DRUCK GESETZT, À LA „KANTS PFLICHTETHIK", HAHA ...
ICH VERSTEHE AUCH, WARUM ER MICH VOR DER VERÖFFENTLICHUNG NACH MEINER MEINUNG FRAGT, ICH BIN DIE „ZIELGRUPPE"!
HMM.

WAS MICH ABER WIRKLICH BERÜHRT, IST SOFIES SCHICKSAL!
ES GEFÄLLT MIR NICHT, DASS SIE NUR EIN ELEKTROMAGNETISCHER IMPULS IM KOPF MEINES VATERS IST.
ICH KANN GUT VERSTEHEN, DASS SIE FREI SEIN WILL!
HMMM.
WENN ICH WEITERLESE, KOMMT MIR FÜR SIE VIELLEICHT EINE ZÜNDENDE IDEE.
SO, WO WAR ICH?
AH!
KIERKEGAARD HAT AUCH DREI EXISTENZMÖGLICHKEITEN HERAUSGEARBEITET.
ZUNÄCHST DAS ÄSTHETISCHE STADIUM, IN DEM MAN IM AUGENBLICK LEBT, AUF DER SUCHE NACH SEINEM VERGNÜGEN IN DER WELT DER SINNE.
ZWEITENS DAS ETHISCHE STADIUM, DAS VON ERNSTHAFTIGKEIT GEPRÄGT IST UND IN DEM MAN VERSUCHT, NACH MORALISCHEN MAßSTÄBEN ZU LEBEN, SIEHE DIE PFLICHT…
UND SCHLIEßLICH DAS RELIGIÖSE STADIUM: DEM SINNLICHEN VERGNÜGEN UND DER PFLICHTERFÜLLUNG WIRD DER GLAUBE VORGEZOGEN.

DU HATTEST RECHT, ALBERTO, WIR LAGEN GAR NICHT SO DANEBEN.
ABER WARUM KOMMEN WIR NOCH MAL HIERHER?
FALLS DU DIE SEITEN UNSERES COMICS SUCHST, DIE SIND NICHT MEHR DA!
NEIN, NEIN. ICH SUCHE ...
DAS HIER!
WAS IST DAS?
SKIZZEN UNSERES ZEICHNERS.
ICH WUSSTE, DASS ICH SIE HIER FINDE!
SIE WERDEN MIR BEI UNSEREM NÄCHSTEN KAPITEL HELFEN.
ES IST WICHTIG, BILDER IM KOPF ZU HABEN!
TACK

18 - MARX
1818 - 1883

TOLLER BLEISTIFTSTRICH.
MARX GILT GEMEINHIN ALS DER PHILOSOPH DES HISTORISCHEN MATERIALISMUS.
18 - MARX
1818 - 1883
GEHT'S DIREKT WEITER?
DU WIRST SEHEN, DAS THEMA IST SPANNEND UND REGT ZUM NACHDENKEN ÜBER DIE HEUTIGE WELT AN!
MARX NAHM HEGELS PHILOSOPHIE ZUM AUSGANGSPUNKT, DISTANZIERTE SICH JEDOCH SCHNELL VON DESSEN IDEALISMUS.
ANSTELLE EINES GROẞEN PHILOSOPHISCHEN SYSTEMS FINDEN WIR BEI MARX EINE PHILOSOPHIE DES HANDELNS.
PHILOSOPHEN BESCHRÄNKEN SICH AUF DIE DEUTUNG DER WELT, DABEI GEHT ES DARUM, SIE ZU VERÄNDERN!
18 - MARX
1818 - 1883
DIESE AUSSAGE MARKIERT EINEN ENTSCHEIDENDEN WENDEPUNKT IN DER GESCHICHTE DER PHILOSOPHIE. MARX HAT ZUGLEICH EIN PRAKTISCHES, POLITISCHES ZIEL, ER IST NICHT NUR PHILOSOPH, SONDERN AUCH HISTORIKER, SOZIOLOGE, ÖKONOM.
JEDENFALLS HAT NIEMAND AUẞER IHM EINE SOLCHE ROLLE IN DER POLITISCHEN ANWENDUNG DER PHILOSOPHIE GESPIELT.
ABER ES IST WICHTIG, NICHT ALLES, WAS SICH „MARXISMUS" NENNT, MIT DEM DENKEN VON MARX GLEICHZUSETZEN.
SO IST ES!

WO ICH SCHON HIER BIN, KANN ICH GLEICH AUCH SELBST VORTRAGEN.
PROLETARIER ALLER LÄNDER...
GANZ RUHIG, HERR MARX!
SIE SIND HIER IN EINEM COMIC. SIE BRAUCHEN NICHT ZU SCHREIEN, UNSERE LESER KÖNNEN AUCH KLEIN-GESCHRIEBENES LESEN.
18 - MARX
1818 - 1883
MARX ZUFOLGE SIND DIE MATERIELLEN VERHÄLTNISSE AUS-SCHLAGGEBEND FÜR DIE HISTORISCHE ENTWICKLUNG.
HAARGENAU!
VERÄNDERUNGEN DER MATE-RIELLEN LEBENSBEDINGUNGEN SIND DIE EIGENTLICHE TRIEB-FEDER DER GESCHICHTE.
WAS WOLLEN SIE DAMIT SAGEN?
NICHT DIE GEISTIGEN VORAUSSETZUNGEN FÜHREN ZU MATERIELLEN VERÄNDERUNGEN, SONDERN UMGEKEHRT, DIE MATERIELLEN VERHÄLTNISSE BESTIMMEN DIE GEISTIGEN.
MARX HEBT VOR ALLEM DIE BEDEU-TUNG WIRTSCHAFTLICHER KRÄFTE INNERHALB DER GESELLSCHAFT HERVOR, DIE ALLE MÖGLICHEN VER-ÄNDERUNGEN EINLEITEN UND SO DIE GESCHICHTE VORANBRINGEN.

DIE MATERIELLEN, ÖKONOMISCHEN UND SOZIALEN VERHÄLTNISSE NENNE ICH DIE BASIS.
UND ALS ÜBERBAU BEZEICHNET ER POLITISCHE INSTITUTIONEN, GESETZE SOWIE DENKFORMEN WIE RELIGION, KUNST, PHILOSOPHIE ODER POLITISCHE IDEEN.
GÖNNEN WIR UNS EINE ALLEGORIE.
DAS GIEBELDREIECK DIESES TEMPELS IST DAS ERSTE, WAS MAN SIEHT. ES IST DER ÜBERBAU!
ABER DIESER SCHWEBT NICHT EINFACH IN DER LUFT.
KOMM MIT, SOFIE, DANN VERSTEHST DU ES BESSER!
LOS, KOMM SCHON!
...

DER ÜBERBAU BRAUCHT EIN KRÄFTIGES FUNDAMENT, DAS HEIẞT EINE BASIS, DIE DIE GESAMTE KONSTRUKTION TRÄGT.
ZWISCHEN BASIS UND ÜBERBAU EINER GESELLSCHAFT GIBT ES EINE WECHSELWIRKUNG, EINE DIALEKTISCHE BEZIEHUNG. DESHALB HEIẞT ES VON MARX, ER BEFÜRWORTE EINEN DIALEKTISCHEN MATERIALISMUS.
IN DER TAT.
DAS FUNDAMENT EINER GESELLSCHAFT BESTEHT AUS DREI STUFEN.
DIE BASIS BILDEN DIE PRODUKTIONSBEDINGUNGEN, DAS HEIẞT DIE NATURGEGEBENEN VERHÄLTNISSE UND RESSOURCEN, ALSO ALLES, WAS MIT KLIMA UND ROHSTOFFEN ZU TUN HAT.
PRODUKTIONSBEDINGUNGEN
IM STIL VON: MAN KANN IN DER SAHARA KEINE HERINGE FANGEN UND AM NORDPOL KEINE DATTELN ANBAUEN.
EXAKT!
DANN FOLGEN DIE PRODUKTIVKRÄFTE, ALSO DIE WERKZEUGE UND TECHNIKEN, DIE MAN ZUR VERFÜGUNG HAT. DAS IST WICHTIG, DENN ALLEIN DIE NUTZUNG DER DAMPFMASCHINE HAT DIE WIRTSCHAFTLICHE BASIS VERÄNDERT UND ZU EINER KAPITALISTISCHEN PRODUKTIONSWEISE GEFÜHRT!

UND SCHLIEẞLICH DIE PRODUKTIONSVERHÄLTNISSE.
ALSO: WEM GEHÖREN DIE PRODUKTIVKRÄFTE, WIE IST DIE ARBEIT ORGANISIERT, WELCHEN STATUS HABEN DIE EIGENTÜMER?
PRODUKTIONSVERHÄLTNISSE
PRODUKTIVKRÄFTE
PRODUKTIONSBEDINGUNGEN
FÜR MARX BESTIMMT DIE PRODUKTIONSWEISE INNERHALB EINER GESELLSCHAFT DEREN POLITISCHE UND IDEOLOGISCHE VERHÄLTNISSE.
VORSICHT, SOFIE, ICH SCHREIBE.
CAPITO! SEHR ANSCHAULICH.
Ideologie
PRODUKTIONSVERHÄLTNISSE
PRODUKTIVKRÄFTE
PRODUKTIONSBEDINGUNGEN
ZUM BEISPIEL UNTERSCHEIDEN SICH HEUTIGE MORALVORSTELLUNGEN UND DENKWEISEN VON DENEN DES MITTELALTERS.
MIST!
BLOCKIERT.
MOMENT!
DAS MITTELALTER ...
HIER.
IM MITTELALTER ENTSCHIEDEN DIE ELTERN, WEN IHRE KINDER HEIRATEN, DENN DAS HATTE EINFLUSS DARAUF, WER DEN HOF ERBT.

HEUTE KANNST DU HEIRATEN, WEN DU WILLST.
DAS HOFFE ICH!
MARX GLAUBT NICHT AN EIN NATURRECHT, DAS FÜR ALLE ZEITEN GÜLTIGKEIT BESITZT. FÜR IHN ERGIBT SICH DAS, WAS MORALISCH FÜR „GUT" BEFUNDEN WIRD, AUS DER BASIS DER GESELLSCHAFT.
JA! DENN DAS PRIMÄRE ZIEL WAR, DEN HOF ZU ÜBERNEHMEN.
GENAU DAS ZÄHLTE UND MACHTE DIE EHE AUS. UND NICHT ETWA GEFÜHLE ODER ANDERE FÜR DEINE GESELL-SCHAFT TYPISCHE ÜBER-LEGUNGEN.
DIE IN EINER GESELLSCHAFT DOMINIERENDEN VOR-STELLUNGEN BEGÜNSTIGEN IM GRUNDE DIE BESITZENDE KLASSE.
DESHALB IST DIE GESAMTE GESCHICHTE EINE GESCHICHTE DES KLASSENKAMPFES.
DIE GESCHICHTE BESCHREIBT DEN KAMPF UM DIE ANEIGNUNG DER PRODUKTIVKRÄFTE.
HM ... TRAGEN NICHT AUCH GEDANKEN UND IDEEN DER MENSCHEN ZUR VERÄNDERUNG DER GESCHICHTE BEI?
JA UND NEIN.
DER ÜBERBAU MAG EINFLUSS AUF DIE BASIS HABEN, ABER ICH GESTEHE IHM KEINE SELBSTSTÄNDIGE GESCHICHTE ZU.
ALLE PHASEN DER GESCHICHTE KENNEN DEN GEGENSATZ ZWEIER SOZIALER KLASSEN.
KOMM!
?
ICH ZEIG'S DIR!

18 - MARX
1818 - 1883
PLOP!
SCHON ZU MEINER ZEIT WAR DIE GESELLSCHAFT KAPITALISTISCH!
FOLGLICH BESTAND DER GEGENSATZ ZWISCHEN DEN KAPITALISTEN ...
... UND DEN ARBEITERN, DEN PROLETARIERN.

ZWISCHEN DENEN, DIE DIE PRODUKTIVKRÄFTE BESITZEN, UND DENEN, DIE SIE NICHT BESITZEN! SIE MÜSSEN IHRE ARBEITSKRAFT VERKAUFEN, UM ZU ÜBERLEBEN.
UND WEIL DIE HERRSCHENDE KLASSE IHRE MACHT NICHT AUS DER HAND GEBEN WILL ...
... KANN NUR EINE REVOLUTION SIE DAZU ZWINGEN!
AUTSCH!
BAMM
MARX MUSS DIR AUCH ETWAS ÜBER SEINE ANSICHTEN ZUR ARBEIT ERZÄHLEN!
DAS DIALEKTISCHE VERHÄLTNIS DARIN.
DAS HEIẞT?
WENN DER MENSCH ARBEITET, VERÄNDERT ER DIE NATUR, ABER DIE NATUR VERÄNDERT AUCH IHN! SIE WIRKT AUF IHN EIN UND HINTERLÄSST SPUREN IN SEINEM BEWUSSTSEIN.
DESHALB IST ARBEITSLOSIGKEIT FÜR MICH EINE SCHRECKLICHE SACHE!
DENN ARBEIT IST ETWAS POSITIVES UND ENG MIT DEM MENSCHSEIN VERKNÜPFT.
ABER DIE KAPITALISTISCHE PRODUKTIONSWEISE SEHE ICH SEHR KRITISCH.

TACK
DENN IM KAPITALISTISCHEN SYSTEM ARBEITET DER ARBEITER FÜR EINEN ANDEREN. SEINE ARBEIT WIRD ZU ETWAS AUßERHALB SEINER SELBST, ETWAS, DAS IHM NICHT MEHR GEHÖRT.
EIN ARBEITER TRITT SEINE ARBEITSKRAFT AN EINEN KAPITALISTEN AB, DER SIE KAUFT.
DIE ARBEIT WIRD IHM FREMD UND ER SICH SELBST AUCH. DAS IST DER PROZESS DER ENTFREMDUNG. UND ER WIRD DER FRÜCHTE SEINER ARBEIT BERAUBT: DAS IST AUSBEUTUNG.
SCHLIEßLICH HASST ER SEINE ARBEIT UND AUCH SICH SELBST.
DAS IST SCHRECKLICH.
IM 19. JAHRHUNDERT SCHUFTET DIE ÜBERWÄLTIGENDE MEHRHEIT DER ARBEITENDEN MINDESTENS ZWÖLF STUNDEN AM TAG AN UNHYGIENISCHEN ORTEN BEI SEHR GERINGER BEZAHLUNG.
HM. ICH HABE DAS GEFÜHL, DU ERZÄHLST VON HEUTE, VON DEN MENSCHEN IN BANGLADESCH, DIE UNSERE KLEIDUNG HERSTELLEN.

STIMMT SCHON, IN TEILEN DER WELT GAB ES EINE VERBESSERUNG DER ARBEITSBEDINGUNGEN, ABER NICHT ÜBERALL.
BEI WEITEM NICHT.
SELBST HEUTE NOCH GIBT ES IN BRÜSSEL, EUROPAS HAUPTSTADT, IN KELLERN GEHEIME WERKHALLEN, IN DENEN ILLEGALE MIGRANTEN AUSGEBEUTET WERDEN! NUR WENIGE HÄUSER-BLOCKS VOM EUROPAPARLAMENT ENTFERNT!
DAS IST NICHT HINNEHM-BAR! DIE AUSBEUTUNG DER ARBEITER MUSS ANGEPRANGERT WERDEN!
WENN DU EINE WARE PRODUZIERST, ...
... HAT SIE EINEN VERKAUFSWERT.
ZIEHST DU VOM VERKAUFSWERT DEN LOHN DES ARBEITERS AB, ...
... BLEIBT ETWAS ÜBRIG.
DAS IST DER PROFIT!
DER KAPITALIST REIẞT DIESEN PROFIT AN SICH, OBWOHL ER VON DEN ARBEITERN ERSCHAFFEN WURDE.

UND DAS ...
... IST AUSBEUTUNG!
IN DER TEXTILINDUSTRIE WIE AUCH IM BERGBAU!
MARX GEHT DAVON AUS, DASS DAS KAPITALISTISCHE SYSTEM AN SICH SELBST ZUGRUNDE GEHT.
VERFLUCHTER KAPITALISMUS!
SCHNIPP
UND WIE?
ZUM ZWECKE DER PROFITMAXIMIERUNG KAUFT DER DIREKTOR MASCHINEN UND REDUZIERT DAS PERSONAL.
DANN REDUZIERT ER DIE GEHÄLTER, UM SEINEN PROFIT NOCH MEHR ZU ERHÖHEN.
WISCH
AM ENDE WERDEN DIE ARBEITER SO ARM, DASS SIE SICH NICHTS MEHR LEISTEN KÖNNEN.

IN DER FOLGE PRODUZIERT DER KAPITALISMUS HAUFENWEISE DINGE, DIE KEIN MENSCH MEHR KAUFEN KANN.
KLATSCH
SO KANN ES NICHT WEITERGEHEN!
ABER JETZT MUSS ICH ZU EINEM MEETING!
GENOSSEN!!
SCHLUSS MIT DEM PRIVATEIGENTUM KAPITALISTISCHER PRÄGUNG! DAS PROLETARIAT MUSS SICH ERHEBEN UND DIE PRODUKTIVKRÄFTE AN SICH REIßEN!
EINE ZEIT LANG WERDEN DIE PROLETARIER AN DER MACHT SEIN UND DIE BÜRGERLICHE KLASSE UNTERDRÜCKEN, DAS IST DIE DIKTATUR DES PROLETARIATS. NACH DIESER ÜBERGANGSPHASE KOMMT ES ENDLICH ZUR KLASSENLOSEN GESELLSCHAFT.
DEM KOMMUNISMUS!
HURRA!
JEDER ARBEITET NACH SEINEN FÄHIGKEITEN, JEDER ERHÄLT NACH SEINEN BEDÜRFNISSEN!

HURRA!
HURRA BRAVO!
KLATSCH KLATSCH
BRAVO!
APPLAUS APPLAUS
BRAVO!
HM.
WENN ICH ES RICHTIG VERSTEHE, SIEHT ER DIE GESCHICHTE ALS DIALEKTISCHEN PROZESS.
DIE AUSGANGSTHESE LAUTET: KAPITALISMUS UND BÜRGERLICHE HERRSCHAFT.
ES FOLGT DIE ANTITHESE: DIKTATUR DES PROLETARIATS.
UND SCHLIEẞLICH DIE SYNTHESE: DIE KLASSENLOSE GESELLSCHAFT.
EXAKT, SOFIE!
1848 VERÖFFENTLICHT MARX DAS „MANIFEST DER KOMMUNISTISCHEN PARTEI".
SCHLAG DIE LETZTE SEITE AUF.
MANIFEST DER KOMMUNISTISCHEN PARTEI
haben nichts in ihr zu verlieren als ihre
Sie haben eine Welt zu gewinnen.
Proletarier aller Länder,
vereinigt euch!
ABSCHLIEẞEND SOLLTE ICH WOHL NOCH SAGEN, DASS SICH DIE AUS SEINEM DENKEN HERVORGEGANGENE BEWEGUNG IN ZWEI TEILE GESPALTEN HAT.

AUF DER EINEN SEITE DER MARXISMUS-LENINISMUS, FÜR DEN NUR EINE REVOLUTION DIE ALTE KLASSENGESELLSCHAFT BEKÄMPFEN KANN UND DER IN OSTEUROPA, ASIEN UND AFRIKA ANKLANG GEFUNDEN HAT.
AUF DER ANDEREN SEITE DIE SOZIALDEMOKRATIE, DIE IM WESTEN SEHR POPULÄR WAR UND DIE GESELLSCHAFT MIT DEMOKRATISCHEN REFORMEN BEHUTSAM UMGESTALTEN WOLLTE.
DER ERSTE WEG HAT SCHRECKLICHE FEHLENTWICKLUNGEN UND NEUE UNTERDRÜCKUNG NACH SICH GEZOGEN. ABER MAN KANN MARX NICHT FÜR DIE FEHLER VERANTWORTLICH MACHEN, DIE NACH SEINEM TOD IN SEINEM NAMEN BEGANGEN WURDEN.
IN WESTEUROPA HAT DER SOZIALISMUS DURCH GEWALTFREIE AKTIONEN SEHR DAZU BEIGETRAGEN, DIE GESELLSCHAFT WENIGER UNMENSCHLICH ZU MACHEN.
ICH DENKE, DASS ES FÜR DEN KAPITALISMUS NOCH EINE WEITERE BEGRENZUNG GIBT, DIE MARX NICHT ERWÄHNT: DIE AUSBEUTUNG DER NATUR!
MAN KANN NATÜRLICHE RESSOURCEN NICHT UNBEGRENZT NUTZEN, DA SIE ENDLICH SIND. AUCH HIER ZEIGT SICH, WIE SELBSTZERSTÖRERISCH DER KAPITALISMUS IST!
SOFIE, DU IMPONIERST MIR IMMER MEHR!

DIESE SOFIE GEFÄLLT MIR RICHTIG GUT!
HMM.
WIE KÖNNTE ICH IHR BLOß HELFEN?

18 - MARX
1818 - 1883
ICH MAG ES, WENN IDEEN DIE REALITÄT BEEINFLUSSEN!
MAN MÜSSTE SO VIEL VERÄNDERN, DAMIT UNSERE WELT GERECHTER WIRD UND FÜR UNS MENSCHEN DENNOCH LEBENSWERT BLEIBT!
ALBERTO, WIR MÜSSEN SCHWUNG IN DIE SACHE BRINGEN!
WIR KÖNNEN NUR HOFFEN, DASS ALLE, DIE DAS LESEN, GEMEINSAM MIT UNS NACHDENKEN UND NICHT UNTÄTIG BLEIBEN.
KLATSCH
JA, ABER ICH WILL AUCH WAS TUN!
ES IST ÄTZEND, IN DIESEN SEITEN EINGESPERRT ZU SEIN!!!
WARTE, ZUM BESSEREN VERSTÄNDNIS UNSERER EIGENEN EPOCHE MUSS ICH DIR NOCH EIN PAAR WICHTIGE PHILOSOPHEN VORSTELLEN!
BOING

19. DARWIN
1809 - 1882

MARX UND DARWIN GEHÖREN ZU DEN SOGENANNTEN „NATURALISTEN".
8 - MARX
818 - 1883
NATURALISTEN SEHEN DEN MENSCHEN ALS TEIL DER NATUR UND STÜTZEN IHRE FORSCHUNG AUF NATURGEGEBENE FAKTEN UND NICHT AUF RATIONALE ODER RELIGIÖSE ERWÄGUNGEN.
1882
SCHLÜSSELWÖRTER?
NATUR, UMWELT, GESCHICHTE, EVOLUTION!
ICH ERINNERE DARAN, DASS FÜR MARX DIE IDEOLOGIE DER MENSCHEN, DAS HEIßT IHRE SICHT AUF DIE WELT, VON DEN ...
... MATERIELLEN VERHÄLTNISSEN HERRÜHRT, UNTER DENEN SIE LEBEN.
EXAKT!
1809 - 1882
DARWIN HINGEGEN WIRD ZEIGEN, ...
... DASS DER MENSCH ERGEBNIS EINER ENTWICKLUNG IST.
1809 - 1882
HE, IHR MARX BROTHERS, DIE BILDER SOLLEN LEDIGLICH DER VERANSCHAULICHUNG DIENEN. WENN IHR DEN VORTRAG SELBST HALTEN WOLLT, SAGT BESCHEID, DANN GEHE ICH ANGELN!
18 - MARX
1818 - 1883

WAR DARWIN PHILOSOPH?
ER WAR BIOLOGE UND NATURFORSCHER, ABER ER WAR DER ERSTE, DER ES GEWAGT HAT, DER BIBLISCHEN SICHT VOM PLATZ DES MENSCHEN IN DER SCHÖPFUNG ZU WIDERSPRECHEN – DAS MACHT IHN ZUM PHILOSOPHEN!
ABSOLUT!
AUFGRUND MEINER ERZIEHUNG FIEL ES MIR NICHT LEICHT, MICH VON DER KIRCHE ZU LÖSEN.
SAGEN SIE, HABEN SIE SOFIE ERZÄHLT, DASS ICH 1882 MIT PRUNK UND EHREN BESTATTET WURDE?
NOCH NICHT, ICH WILL ZUNÄCHST IHRE ENTDECKUNGEN VORSTELLEN, BEVOR ICH SIE BEERDIGE.
ABER ...
ER SIEHT SICH GAR NICHT ÄHNLICH!
WEIL ICH AUF DER ZEICHNUNG DER ALTE DARWIN BIN.
SO WERDE ICH IMMER DARGESTELLT, DABEI HABE ICH EHRLICH GESAGT LÄNGER OHNE BART GELEBT!
19. DARWIN
1809 - 1882

SEIN VATER IST STRENG UND BEDAUERT SEHR, DASS SEIN SOHN LIEBER MAIKÄFER SAMMELT, ALS GRIECHISCH UND LATEIN ZU BÜFFELN.
HIHI.
WÄHREND SEINES THEOLOGIE-STUDIUMS BEOBACHTET DER JUNGE CHARLES LIEBER VÖGEL UND INSEKTEN.
INTERESSANT, WENN ÜBER EINEN SELBST IN DER DRITTEN PERSON GESPROCHEN WIRD, MAN FÜHLT SICH DADURCH GANZ BEDEUTSAM ...
ZUM GLÜCK ERHÄLT ER MIT 22 JAHREN EINEN BRIEF, DER SEIN LEBEN VERÄNDERT.
RICHTIG! EINER MEINER PROFESSOREN HAT MICH KAPITÄN FITZROY ALS BEGLEITER FÜR SEINE EXPEDITION EMPFOHLEN. SEIN ZIEL?
DIE SÜD-SPITZE AMERIKAS KARTIE-REN!
EINE REISE, DIE FÜR ZWEI JAHRE ANGESETZT WAR, ABER FÜNF GEDAU-ERT HAT. SIE HAT MEIN LEBEN VERÄNDERT!
DENN REISEN VER-ÄNDERT UNSEREN BLICK AUF DIE WELT. VERGISS DAS NIE, SOFIE!
HUI! DAS BOOT SPIELT WIEDER VERRÜCKT!
KOMMT AN BORD!
SCHNELLLLL!!!

WILLKOMMEN AUF DER BEAGLE, FREUNDE!
AUF GEHT'S, SETZT DIE SEGEL!!!
AAH!

AM 27. DEZEMBER 1831 NEHMEN WIR KURS AUF SÜDAMERIKA!
ES WIRD DIE WICHTIGSTE REISE UNSERER ZEIT!
VON SÜDAMERIKA AUS WERDEN WIR DEN PAZIFIK ÜBERQUEREN, UM NACH NEUSEELAND, AUSTRALIEN UND SOGAR NACH SÜDAFRIKA ZU GELANGEN. VON DORT AUS NEHMEN WIR WIEDER KURS AUF SÜDAMERIKA UND KEHREN SCHLIEßLICH NACH ENGLAND ZURÜCK.

FOLGT MIR, ICH MUSS EUCH ETWAS WUNDERBARES ZEIGEN.

HIER, DAS FOSSIL EINES MEERESTIERS.
UND WEIßT DU, WO WIR ES GEFUNDEN HABEN?

IN DEN ANDEN! AN EINER STELLE GANZ HOCH OBEN!
UND HIER NUN DIE GRETCHENFRAGE:
WIE KOMMT EIN MEERESTIER AUF EINEN BERG?!
DAMALS WURDE DIESE KURIOSITÄT MIT DER KATASTROPHENTHEORIE BEGRÜNDET.
KNACK
DIE BESAGT, DASS DIE ERDE MEHRMALS VOLLSTÄNDIG VON WASSER ÜBERSCHWEMMT WURDE, WIE BEI DER IN DER BIBEL ERWÄHNTEN SINTFLUT.
DIE FOSSILIEN SEIEN DEMNACH ABDRÜCKE VON TIEREN, DIE KEINEN PLATZ IN DER ARCHE NOAH GEFUNDEN HÄTTEN!
SPUCK
ABER ICH HATTE LYELLS THEORIE GELESEN.
LYELL BEHAUPTET, PHÄNOMENE WIE DIE KONTINENTALDRIFT, DER WIND ODER DIE EISSCHMELZE KÖNNTEN SEHR GROßE VERÄNDERUNGEN BEWIRKEN, WENN SIE SICH ÜBER EINEN LÄNGEREN ZEITRAUM ERSTRECKEN.
LYELL
LEHRBUCH DER GEOLOGIE
DARAUS KANN MAN SCHLIEßEN, DASS DIESES FOSSIL TATSÄCHLICH AUS DEM MEER STAMMT. INFOLGE DER KONTINENTALDRIFT STIEßEN DIE ERDPLATTEN ANEINANDER UND WURDEN ANGEHOBEN, SO ENTSTAND EIN BERG!
AUF DEM MAN NUNMEHR ALTE FOSSILIEN VON MEERESTIEREN FINDEN KANN.

EXAKT! UND VIELLEICHT VERHIELT ES SICH BEI TIEREN ÄHNLICH. UNENDLICH VIELE KLEINE VERÄNDERUNGEN KÖNNTEN ZU EINER DRAMATISCHEN UMWÄLZUNG GEFÜHRT HABEN!
DEMNACH HATTE GOTT DIE ERDE, DIE PFLANZEN UND DIE TIERE NICHT IN WENIGEN TAGEN IN UNVERÄNDERLICHER PERFEKTION ERSCHAFFEN!
DER BIBEL ZU WIDERSPRECHEN WAR DAMALS EIN SKANDAL.
IN DER TAT. ICH WAR DAHER ÄUßERST VORSICHTIG UND LIEß MIR VIEL ZEIT, BEVOR ICH MEINE THEORIEN ÄUßERTE.
AUF DEN GALAPAGOSINSELN VOR DER PAZIFIKKÜSTE KONNTE ICH BEOBACHTEN, DASS SICH MANCHE TIERE IN DETAILS VONEINANDER UNTERSCHIEDEN.
DAS IST WICHTIG, UND GLEICH VERSTEHST DU, WARUM.
DIE GALAPAGOSINSELN SIND VULKANISCHEN URSPRUNGS UND LIEGEN SEHR NAHE BEIEINANDER.

MIR IST AUFGEFALLEN, DASS ES EINEN ZUSAMMENHANG ZWISCHEN DER FORM DER FINKENSCHNÄBEL UND DEM NAHRUNGSANGEBOT AUF DER JEWEILIGEN INSEL GIBT.
AUF DER EINEN INSEL HABEN DIE FINKEN EINEN SPITZEN SCHNABEL, AUF DER NÄCHSTEN EINEN GEBOGENEN.
INNERHALB EINER ART IST DAS ERSTAUNLICH!
JA, VOR ALLEM, DA DIE INSELN NUR WENIGE HUNDERT METER VONEINANDER ENTFERNT LIEGEN.
IHR SCHNABEL IST TATSÄCHLICH AN DIE NAHRUNG AUF DER INSEL ANGEPASST.
GEBOGEN, UM AUF DER EINEN INSEL DIE SAMEN DER PINIENZAPFEN ZU FUTTERN.
SPITZ, UM AUF DEN BAUMSTÄMMEN EINER ANDEREN INSEL LEBENDE INSEKTEN ZU FANGEN!
WARUM SOLLTE GOTT BEI EIN UND DEMSELBEN TIER SO KLEINE UNTERSCHIEDE ERSCHAFFEN HABEN? DAS PASST NICHT ZUR ENDGÜLTIGKEIT DER SCHÖPFUNG.
WELCHE ERKLÄRUNG GIBT ES FÜR DIESE FEINEN UNTERSCHIEDE? NA?
KEINE AHNUNG. SIE SIND DOCH DARWIN!

STELL DIR VOR, DU HAST DREI MILCHZIEGEN, KANNST ABER NUR ZWEI DAVON ERNÄHREN. WELCHE WIRST DU OPFERN?
ÄHM. DIE ZIEGE, DIE AM WENIGSTEN MILCH GIBT.
EXAKT!
SO ÜBERLEBEN DIE BEIDEN GUTEN MILCHZIEGEN UND PFLANZEN SICH ZU GEGEBENER ZEIT FORT, SIE BRINGEN NEUE ZIEGEN ZUR WELT, DIE DIE HOHE MILCHPRODUKTION IHRER MÜTTER ERBEN.
HOPPLA!
MÄÄÄ
DER BAUER NIMMT ALSO EINE SELEKTION VOR, UM DAS BIOLOGISCHE MERKMAL ZU ERHALTEN, DAS IHM AM WICHTIGSTEN IST. IN DIESEM FALL DIE GUTE MILCHPRODUKTION. ICH HABE MICH NUN GEFRAGT, OB ES NICHT AUCH EINE NATÜRLICHE AUSLESE GIBT.
AUA!
WENN DIE SELEKTION ÜBER EINEN LANGEN ZEITRAUM ERFOLGT, WIE BEI DER LYELL SO WICHTIGEN ERDEVOLUTION, IST DAS DENKBAR.
DARWIN DENKT AN MALTHUS' BUCH „EINE ABHANDLUNG ÜBER DAS BEVÖLKERUNGSGESETZ".
DARIN SCHREIBT MALTHUS, DASS EINE GROẞE ANZAHL VON GESCHÖPFEN STERBEN MUSS, DA NICHT ALLE ERNÄHRT WERDEN KÖNNEN. NUR DIE BESTANGEPASSTEN ÜBERLEBEN UND GEWÄHRLEISTEN DEN FORTBESTAND DER ART MIT JENEN EIGENSCHAFTEN, DIE IHNEN IHR ÜBERLEBEN ERMÖGLICHT HABEN. DIESE EIGENSCHAFTEN WERDEN WEITERGEGEBEN.

SCHAU DIR ZUM BEISPIEL DIESE KAKTEEN AN.
AUA!
ES IST KEIN ZUFALL, DASS SIE OFT GIFTIG SIND, SOFIE.
IN DER WÜSTE WACHSEN FAST NUR KAKTEEN. SIE SIND ALSO DURCH PFLANZENFRESSENDE TIERE SEHR GEFÄHRDET.
O NEIN, MEINE LIEBE!
ERGEBNIS: KAKTEEN, DIE NICHT GEFRESSEN WERDEN, WEIL SIE GIFTIG SIND, GEBEN DIESE EIGENSCHAFT AN DIE NÄCHSTE GENERATION WEITER.
UND DA KAKTEEN MIT STACHELN NICHT SO LEICHT ZU FRESSEN SIND, ENTWICKELN IRGENDWANN ALLE KAKTEEN STACHELN!
DU HAST ES VERSTANDEN!
DIE STÄNDIGE NATÜRLICHE AUSLESE BEWIRKT, DASS DIE AN IHRE UMGEBUNG ANGEPASSTEN DAS ÜBERLEBEN DER ART IN DIESEM RAUM SICHERN.
KURZ ZUSAMMENGEFASST: 1. ALLE PFLANZEN UND TIERE STAMMEN VON ÄLTEREN UND PRIMITIVEREN FORMEN AB.
2. IHRE ENTWICKLUNG GEHT AUF NATÜRLICHE AUSLESE ZURÜCK.

DAS IST DIE THEORIE, DIE ICH VIELE JAHRE SPÄTER IN MEINEM ERSTEN BUCH „DIE ENTSTEHUNG DER ARTEN" VERTRETE.
EINFACH GENIAL! EINE ECHTE REVOLUTION.
IN DER TAT HAT MEIN BUCH 1859 AUFSEHEN ERREGT!
BUMM
DARWIN
DIE ENTSTEHUNG DER ARTEN
DA ICH DER BIBLISCHEN VERSION WIDERSPRACH, GALT ICH ALS GEFÄHRLICHSTER MANN ENGLANDS.
WEIẞT DU, DASS ES AUCH HEUTE NOCH MENSCHEN GIBT, DIE DIE EVOLUTIONSTHEORIE LEUGNEN? DAS SIND DIE KREATIONISTEN.
MIKE PENCE, VIZEPRÄSIDENT UNTER DONALD TRUMP, IST EIN SOLCHER LÜG... ÄH, LEUGNER!

ENTSCHULDIGT BITTE.
WIR MÜSSEN DIE SEGEL HISSEN, FREUNDE. ES GEHT WEITER!
DIE EVOLUTION ZU VERSTEHEN IST SEHR WICHTIG, SOFIE, DENN SIE HAT AUSWIRKUNGEN AUF UNSER TÄGLICHES LEBEN.
FLAP
ZUM BEISPIEL BEIM ACKERBAU. DU WEIẞT, DASS MAN INSEKTIZIDE ERFUNDEN HAT, UM SCHÄDLINGE LOSZUWERDEN.
BEAGLE
ANFANGS SIND SIE EFFEKTIV, FAST ALLE INSEKTEN STERBEN! ABER EINIGE WEISEN KLEINERE MUTATIONEN AUF, DIE IHNEN DAS ÜBERLEBEN ERMÖGLICHEN.
DIE ÜBERLEBENDEN VERMEHREN SICH UND GEBEN BESAGTE MUTATION AN IHRE NACHKOMMEN WEITER. AM ENDE WERDEN DIE SCHÄDLINGE GEGEN DIE PESTIZIDE RESISTENT.

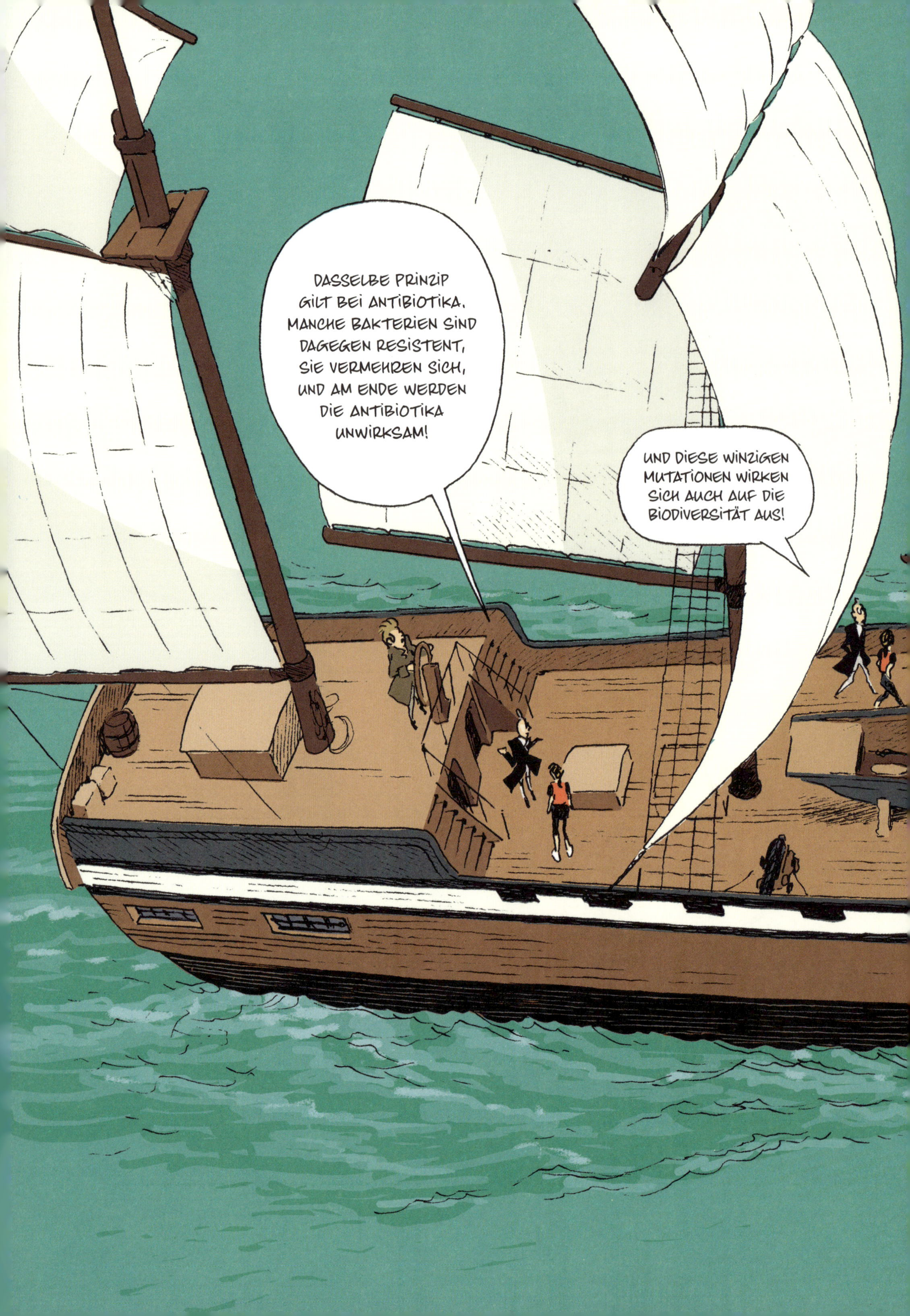
DASSELBE PRINZIP GILT BEI ANTIBIOTIKA. MANCHE BAKTERIEN SIND DAGEGEN RESISTENT, SIE VERMEHREN SICH, UND AM ENDE WERDEN DIE ANTIBIOTIKA UNWIRKSAM!
UND DIESE WINZIGEN MUTATIONEN WIRKEN SICH AUCH AUF DIE BIODIVERSITÄT AUS!

WUSSTEST DU, DASS SIE ÜBER EINEN SEHR LANGEN ZEITRAUM SOGAR DAZU FÜHREN KÖNNEN, DASS SICH EINE ART IN ZWEI ARTEN AUFSPALTET?
HEUTE GEHT MAN ZUM BEISPIEL DAVON AUS, DASS DER GEMEINSAME VORFAHR DER MEISTEN VÖGEL EIN DINOSAURIER WAR!
DIESES PRINZIP ZEIGT UNS DIE GROßEN LINIEN DER EVOLUTION.
UND WIR MENSCHEN?
WIR MENSCHEN GEHÖREN EBENSO WIE DIE AFFEN ZUR FAMILIE DER PRIMATEN. PRIMATEN SIND SÄUGETIERE, UND ALLE SÄUGETIERE SIND WIRBELTIERE, DIE WIEDERUM ZU DEN SOGENANNTEN MEHRZELLIGEN TIEREN GEHÖREN.

SCHAU HER. DER „STAMMBAUM" DES MENSCHENAFFEN AUSTRALOPITHECUS. JEDER ROTE AST STEHT FÜR EINEN GEMEINSAMEN VORFAHREN, JEDES STRICHLEIN FÜR EINE EVOLUTIONÄRE INNOVATION.
Neunauge
Hai
Sardine
Kröte
Krokodil
Meise
Katze
Australopithecus
Federn
Unterkiefer-fenster
Haare
Amnion
Finger
Knöchernes Skelett
Kiefer
Wirbel
Heute
Zeitverlauf
Früher
VORSICHT, FREUNDE, EIN HEFTIGER REGENGUSS NAHT!
IM GRUNDE HABEN WIR ALLE DENSELBEN URSPRUNG.
JA! ALLE LEBEWESEN DER ERDE BESTEHEN AUS DENSELBEN „BAUSTEINEN".
HMM. DIESER STURM KÖNNTE LÄNGER ANHALTEN!
KOMM!
WIR MÜSSEN HIER WEG!
HOPP!
MAST- UND SCHOTBRUCH, FREUNDE!

ICH HATTE KEINE LUST, AUF DARWINS SCHIFF FESTZUSITZEN.
WARUM NICHT?
ICH SUCHE IMMER NOCH NACH EINER LÖSUNG, WIE ICH ETWAS, WAS MIR PERSÖNLICH AM HERZEN LIEGT, ZUM AUSDRUCK BRINGEN KÖNNTE. EINEN GEDANKEN FÜR DIE MENSCHEN, DIE DAS HIER LESEN!
LEBE UND HANDLE! DAS WÄRE EINE MÖGLICHE ANTWORT AUF DAS „WER BIST DU?" AM ANFANG UNSERER GESCHICHTE.
UND ICH VERMUTE, DASS DIE LÖSUNG IRGENDWO IN DIESER HÜTTE LIEGT.
AUCH DARWIN HAT DARÜBER NACHGEDACHT, WER WIR MENSCHEN SIND, DIE WIR UNS AUF DIESE ERDE VERIRRT HABEN.
ER HAT GESAGT, DAS LEBEN SEI IN EINEM „KLEINEN WARMEN TÜMPEL" ENTSTANDEN.
DAS WAR GUT BEOBACHTET! NACH HEUTIGEM WISSENSSTAND KANN MAN SEINE AUSFÜHRUNGEN NOCH WEITER AUSBAUEN.
IN DER FRÜHZEIT DER ERDE GAB ES KEINEN SAUERSTOFF UND SOMIT AUCH KEINE ATMOSPHÄRE. ES WAR SEHR HEIß, DENN NICHTS SCHÜTZTE UNS VOR DEN SONNENSTRAHLEN.
DIE HITZE VERLIEH DEN VERSCHIEDENEN CHEMISCHEN SUBSTANZEN DIESER URSUPPE ENERGIE, UND SIE VERBANDEN SICH ZU KOMPLEXEN MAKROMOLEKÜLEN.

ES ENTSTANDEN PFLANZEN MIT SAUERSTOFFERZEUGENDER PHOTOSYNTHESE.
DER SAUERSTOFF BILDETE EINE ATMOSPHÄRE, DIE UNS VOR SCHÄDLICHEN STRAHLEN SCHÜTZTE.
DIESE BEDINGUNGEN ERMÖGLICHTEN DIE ENTSTEHUNG VON TIEREN, DIE SICH IMMER WEITERENTWICKELTEN, BIS SCHLIEẞLICH DIE ERSTEN MENSCHEN AUFTAUCHTEN.
WIR SIND EIN TEIL DIESES GROẞEN GANZEN.
JA! „WER SIND WIR?"
WIR SIND AUS DEMSELBEN STOFF WIE DIE STERNE.
HMMM.
ACTION, ALBERTO!
WENN WIR ZWEI IN EINER GANZ BESONDEREN WELT MIT ALL IHREN GRENZEN UND BESCHRÄNKUNGEN LEBEN, ...
SOFIE?! WAS ...
DANN WILL ICH ZUMINDEST DIE VORZÜGE GENIEẞEN, DIE SIE MIR BIETET!
ICH WILL ZUM MOND.
NACH DEN STERNEN GREIFEN!

UND ÜBER DEN DINGEN SCHWEBEN!
?!
SCHAU MAL, ALBERTO!
UNS SCHREIBT JEMAND!
ICH WETTE, ES IST HILDE!
Ich habe beschlossen, dir zu helfen, Sofie!

Ich habe eine wichtige Nachricht: Mein Vater hat seinen Comic noch nicht abgeschlossen. Es ist immer noch möglich, dass du ihm vor dem Ende entkommst!

Deine Geschichte erinnert mich an Alice im Wunderland! Mein Vater ist ein großer Fan.

Ist dir aufgefallen, dass es überall Spiegel gibt? Im Haus, in der Hütte, sogar in deinen Träumen. Ich glaube, das hat was zu bedeuten!

Vielleicht schaffst du es, wie Alice hinter den Spiegel zu gelangen?

HÄLTST DU DAS WIRKLICH FÜR EINE GUTE IDEE?
PSSSST.
HMPF!
UAAAAH!
BOING
UiiiiiIII
RAAHHR!
IRGENDWAS HABE ICH NOCH NICHT KAPIERT.

QUIETSCH
QUIIIETSCH
QUIETSCH
?!
?
GUTEN TAG, SOFIE!
SIGMUND FREUD, ZU DEINEN DIENSTEN.

HMM. ICH DARF MICH NICHT IN EIN NEUES KAPITEL HINEINZIEHEN LASSEN. ICH MUSS HIER UNBEDINGT RAUS, BEVOR HILDES VATER DEN COMIC BEENDET HAT, SONST HÄNGE ICH FÜR IMMER DARIN FEST.
?
ES EILT!
BOING
JA, HERR DOKTOR FREUD. ICH KOMME SOFORT!
HÄ?! WARUM SAGE ICH DAS?
MEIN AUTOR ZWINGT MICH DAZU, ABER ICH SCHAFFE ES DOCH AUCH, ETWAS ANDERES ZU SAGEN, ALS ER WILL.
VIELLEICHT IST DAS DER BERÜHMTE MOMENT, IN DEM FIGUREN EIN EIGENLEBEN ENTWICKELN, DAS VON DEN ABSICHTEN DES AUTORS ABWEICHT.
SEHR GERN.
ÜBERHAUPT NICHT! WENN ICH KÖNNTE, WÄRE ICH SCHON WOANDERS!
HMMM. INTERESSANT! ICH HABE DAS GEFÜHL, SIE SIND EIN AUßERGEWÖHNLICHER FALL.
FOLGEN SIE MIR, ICH LADE SIE EIN ZU EINEM AUSFLUG IN DIE TIEFEN DER PSYCHE.

20
FREUD

IST FREUD EIN PHILOSOPH?
IN GEWISSER WEISE JA.
1856 IN FREIBERG GEBOREN, STARB ER 1939 IN LONDON.
ER STUDIERTE MEDIZIN AN DER UNIVERSITÄT WIEN, DAMALS EINES DER GROẞEN KULTURZENTREN EUROPAS.
ER SPEZIALISIERTE SICH AUF DIE NEUROLOGIE, UND ZWAR DIE TIEFEN-PSYCHOLOGIE ODER AUCH PSYCHOANALYSE.
AH ... „TIEFENPSYCHO-LOGIE"!
JETZT VERSTEHE ICH, WARUM ER UNS IN DIE TIEFEN DES MEERES ENT-FÜHRT.
DER BEGRIFF PSYCHOANALYSE MEINT SOWOHL EINE BE-SCHREIBUNG DER MENSCH-LICHEN SEELE GENERELL ALS AUCH EINE BEHANDLUNGS-METHODE PSYCHISCHER LEIDEN. DIE THEORIE DES UNBEWUSSTEN IST ZUM VERSTÄNDNIS DES MENSCHEN UNERLÄSSLICH.
ICH DENKE, DAS VERHÄLTNIS ZWISCHEN MENSCH UND UMFELD IST STETS KONFLIKTBELADEN.
AUF DER EINEN SEITE STEHEN DIE TRIEBE UND WÜNSCHE DES MENSCHEN.
AUF DER ANDEREN DIE FORDERUNGEN SEINER UMGEBUNG.

NICHT IMMER LENKT DIE VERNUNFT UNSER HANDELN.
ICH GLAUBE VIELMEHR, DASS OFT IRRATIONALE TRIEBE BESTIMMEN, WAS WIR TUN, SAGEN ODER TRÄUMEN.
FREUD IST EINER DER WICHTIGSTEN VERTRETER DER NATURALISTISCHEN BEWEGUNGEN IM AUSGE-HENDEN 19. JAHRHUNDERT.
ER HAT GEZEIGT, DASS BEREITS KLEINE KINDER EINE ART SEXUALITÄT HABEN. DAS HAT IHN SEHR UNBELIEBT GEMACHT, DA SEXUALITÄT DAMALS EIN TABUTHEMA WAR.
OOOOH!
FÜR MICH IST DAS BEWUSSTSEIN DES MENSCHEN NUR EIN WINZIGER TEIL DER MENSCH-LICHEN SEELE, EIN ZEHNTEL UNSE-RER PERSÖNLICH-KEIT. ES IST DIE SPITZE DES EISBERGS!
BEWUSSTSEIN
ICH
ÜBER-ICH
ES
UNBEWUSSTES
DARUNTER BEFINDET SICH DAS UNBEWUSSTE, EIN GEISTIGER ZUSTAND, ZU DEM WIR KEINEN ZUGANG HABEN.

TATSÄCHLICH GIBT ES VERSCHIEDENE INSTANZEN, DIE UNSERE WÜNSCHE BEEINFLUSSEN.
ALLEN VORAN DAS ES, DER SITZ DES TRIEB- UND WUNSCHPRINZIPS. DAS ES SAGT: „ICH WILL DAS SOFORT MACHEN!"
ES IST DIE REIN UNBEWUSSTE SUCHE NACH DEM SOFORTIGEN VERGNÜGEN.
ES
SOFORT!
DANN KOMMT DAS ÜBER-ICH.
DAS ÜBER-ICH IST DIE INSTANZ DER NORMEN UND MORALISCHEN VORURTEILE, DIE VON AUßEN KOMMEN, DIE WIR ÜBERNEHMEN UND UNS ANEIGNEN. DAS ÜBER-ICH SAGT: „ES IST NICHT GUT, DAS ZU MACHEN!"
ÜBER-ICH
NICHT GUT!
ZWISCHEN DEN BEIDEN INSTANZEN GIBT ES EINEN KONFLIKT. DAS ES WILL ETWAS, WIRD ABER VOM ÜBER-ICH EINGEENGT.
PROBLEM!
DER KONFLIKT IST JEDOCH FRUCHTBAR, DA AUS IHM DAS ICH HERVORGEHT, DER RATIONALE TEIL UNSERER PERSÖNLICHKEIT, DER ZWISCHEN DEN TRIEBEN UND DER SOZIALEN KONTROLLE ABWÄGT.
DAS ICH SAGT: „WIR FINDEN EINEN KOMPROMISS."
WIR ERRICHTEN ALSO EIN ICH MIT REGULIERENDER FUNKTION, WELCHES DAS LUSTPRINZIP DAZU BEWEGT, DEM REALITÄTSPRINZIP NACHZUGEBEN.

DA WIR UNS OFT NACH ETWAS SEHNEN, WAS UNS DIE AUßENWELT VERWEHRT, SIND WIR GEZWUNGEN, UNSERE WÜNSCHE ZU UNTERDRÜCKEN UND SIE INS UNBEWUSSTE ZU SCHIEBEN.
SCHLÜRF
ALL DIE DINGE, DIE WIR UNBEDINGT VERGESSEN WOLLEN, DIE UNSER ÜBER-ICH ANSTÖßIG FINDET, ...
... VERSCHIEBEN WIR IN DIE UNTERSTE ETAGE, INS UNBEWUSSTE.
VERDRÄNGT
ÜBER-ICH
ABER DAS VERDRÄNGTE VERSUCHT STETS, AN DIE OBERFLÄCHE ZURÜCKZUKEHREN, INS BEWUSSTSEIN VORZUDRINGEN!
ERD
ÜBER-ICH
ÜBER-ICH
DIE RÜCKKEHR DES VERDRÄNGTEN ÄUßERT SICH AUF VERSCHIEDENE WEISE, Z.B. IN EINER FEHLLEISTUNG.
WIE WENN MAN SAGT: „DA KOMMT ETWAS ZUM VORSCHWEIN."

DER LAPSUS ENTHÜLLT UNFREIWILLIG, WAS MAN WIRKLICH DENKT.
WER ÜBER EIN STARKES „ICH" VERFÜGT, DAS „ES" UND „ÜBER-ICH" IM GLEICHGEWICHT HÄLT, IST EHER AUSGEGLICHEN.
ABER MANCHE SIND AUCH IM UNGLEICHGEWICHT.
EINIGE MENSCHEN ERLEBEN DEN KONFLIKT ZWISCHEN „ES" UND „ÜBER-ICH", ZWISCHEN VERLANGEN UND SCHULD ALS SO DRAMATISCH, DASS SIE ETWAS ENTWICKELN, WAS ICH NEUROSEN NENNE.
ZUR VERMEIDUNG VON NEUROSEN GREIFT UNSERE PERSÖNLICHKEIT AUF EINE REIHE UNBEWUSSTER ABWEHRMECHANISMEN ZURÜCK, DIE FÜR HARMONIE ZWISCHEN DEM „ES" UND DEM „ÜBER-ICH" SORGEN WOLLEN.

ZUNÄCHST DIE VERLEUGNUNG: UNANGENEHME EREIGNISSE WERDEN NICHT AKZEPTIERT, OBWOHL SIE SEHR REAL SIND.
ICH TRINKE JEDEN ABEND, ABER DAS HEIẞT NICHT, DASS ICH EIN ALKOHOL-PROBLEM HABE!
DIE VERSCHIEBUNG: HIER GEHT ES DARUM, GESELLSCHAFTLICH NICHT AKZEPTIERTE TRIEBE AUF EIN ANDERES OBJEKT ZU ÜBERTRAGEN. IM RESTAURANT ZERBRECHEN SIE LIEBER EIN GLAS, ALS IHREN ÄRGER HINAUSZUSCHREIEN.
KLIRRR
DIE PROJEKTION: WIR SCHREIBEN UNSERE WÜNSCHE ODER ÄNGSTE ANDEREN ZU.
ICH SAGE DOCH, DASS ER MICH NICHT LIEBT, ER IST EIFER-SÜCHTIG ...
ODER MAN RATIONALISIERT DINGE, FINDET AKZEPTABLERE GRÜNDE, BEISPIELSWEISE FÜR EINEN MISSERFOLG.
ES IST NICHT SO, DASS ICH NICHT GENUG GELERNT HABE, DER LEHRER IST UNFÄHIG!

DIE REAKTIONSBILDUNG: WIR REDUZIEREN UNSERE ÄNGSTE, INDEM WIR VERHALTENSWEISEN ANNEHMEN, DIE UNSEREN PRINZIPIEN WIDERSPRECHEN.
UM KONFLIKTE ZU VERMEIDEN, IMITIEREN WIR LIEBER VERHALTENSWEISEN, DIE UNS STÖREN, ANSTATT DEM ANDEREN VORWÜRFE ZU MACHEN.
SORRY! AUSNAHMSWEISE KOMME ICH EINMAL ZU SPÄT ...
DIE REGRESSION: MAN WENDET METHODEN AN, DIE UNS ALS KIND BERUHIGT HABEN. ZUM BEISPIEL, WENN ERWACHSENE AM DAUMEN LUTSCHEN.
DIE SUBLIMIERUNG: WENN WIR WÜNSCHE, DIE VON DER GESELLSCHAFT NICHT AKZEPTIERT WERDEN, KREATIV UMWANDELN.
HAST DU KEINERLEI ERINNERUNG AN DAS ATTENTAT?
NEIN. ICH SEHE MICH VORHER IN DER U-BAHN, DANN EIN GROßES NICHTS.
ALS MEIN MANN BEI EINEM UNFALL STARB, HABE ICH DIESE SELBSTHILFEGRUPPE GEGRÜNDET FÜR MENSCHEN, DIE DAS GLEICHE ERLEBT HABEN, UM NICHT DEN FAHRER UMZUBRINGEN.
UND DIE ISOLIERUNG: WIR BLOCKIEREN ERINNERUNGEN, DIE ZU BELASTEND SIND.

UNSER BEWUSSTSEIN SETZT DIESE ABWEHR-MECHANISMEN EIN, ABER MAN SOLLTE SIE NICHT ÜBERSTRAPAZIEREN, DA SIE PROBLEME NICHT BESEITIGEN, SONDERN NUR VERSCHLEIERN.
LEGEN SIE SICH HIN, ALBERTO!
MAN MUSS SICH EINER PSYCHOANALYTISCHEN BEHANDLUNG UNTERZIEHEN, UM ZU VERSTEHEN, WAS SICH HINTER DIESEN MECHANISMEN VERBIRGT.
BEI DER BEHANDLUNG DES PATIENTEN MUSS DIE SCHMERZHAFTE ERFAHRUNG, DIE IHN TRAUMATISIERT HAT UND DIE ER VERGESSEN WILL, WIEDER IN SEIN BEWUSSTSEIN GEHOLT WERDEN.
DER PATIENT KANN DANN MIT DEM TRAUMA „ABRECHNEN" UND ES ÜBERWINDEN.
WIE GEHT DAS?
MIT DER TECHNIK DER FREIEN ASSOZIATION, BEI DER DER PATIENT ENTSPANNT DALIEGT UND FREI ÜBER ALLES SPRICHT, WAS IHM IN DEN SINN KOMMT.
SCHON ALS KIND HABE ICH SPIEGEL GELIEBT.
SO VERLIERT ER DIE BEWUSSTE KONTROLLE ÜBER DAS, WAS DAS TRAUMA UNTER VERSCHLUSS HÄLT.
MAMA HAT DAS SEHR AMÜSIERT, ABER PAPA, DER IMMER SO EKELHAFT UND GEMEIN WAR, HAT ES GENERVT.
AUßERDEM GIBT ES DIE TRAUMDEUTUNG, DEN KÖNIGSWEG ZUM UNBEWUSSTEN.
WIR TRÄUMEN NICHT EINFACH ZUFÄLLIG. UNBEWUSSTE GEDANKEN VERSUCHEN AUF DIESE WEISE, SICH EINEN WEG INS BEWUSSTSEIN ZU BAHNEN.

IN TRÄUMEN KÖNNEN ZUM BEISPIEL WÜNSCHE IN ERFÜLLUNG GEHEN.
ALS KIND HABE ICH OFT DENSELBEN TRAUM GEHABT.
ABER VORSICHT! DA WIR UNSERE WÜNSCHE BIS IN UNSERE TRÄUME HINEIN EINER ZENSUR UNTERZIEHEN, KÖNNEN SIE VERKLEIDET, VERWANDELT UND VERLAGERT ERSCHEINEN.
ICH HABE GETRÄUMT, DASS ICH IM PARK MIT MEINER REIZENDEN COUSINE SPIELE.
DAS IST DER GRUND, WARUM MAN TRÄUME DEUTEN MUSS. DENN ES GIBT DEN MANIFESTEN INHALT, DER SEINEN URSPRUNG IN DEN EREIGNISSEN DES ZURÜCKLIEGENDEN TAGES HAT.
ABER ES GIBT AUCH EINEN LATENTEN INHALT: VERBORGENE GEDANKEN, DIE MAN ANALYSIEREN UND VERSTEHEN MUSS.
DORT STAND IMMER EIN HÄNDLER, DER LUFTBALLONS VERKAUFTE!
DER THERAPEUT SOLL DEM PATIENTEN BEI DER TRAUMDEUTUNG HELFEN, DAS HEIẞT: DIE TRAUMARBEIT ZU VERSTEHEN, DIE DARIN BESTEHT, DAS WAHRE THEMA DES TRAUMS ZU VERDECKEN.
UND MEINE COUSINE SCHENKTE MIR STETS ZWEI WUNDERSCHÖNE LUFTBALLONS!
IN ALBERTOS FALL KÖNNTE MAN SCHLIEẞEN, DASS DIE BEIDEN WUNDERSCHÖNEN LUFTBALLONS FÜR DIE BRÜSTE SEINER COUSINE STEHEN, DIE ER HEIMLICH BEGEHRT HAT.
WIE BITTE?!

DAS IST VOLLKOMMEN ABWEGIG!!!
DER TRAUM DRÜCKT SEINE VERBORGENE, VERDRÄNGTE SEHNSUCHT AUS, ABER DAS ÜBER-ICH SPIELT NOCH IM TRAUM SEINE ROLLE UND MASKIERT SIE.
DAHER DIE LUFTBALLONS, DIE FÜR DIE BRÜSTE DES MÄDCHENS STEHEN.
ICH HOFFE, DEINE COUSINE WAR SUPERCOOL, ALBERTO.
ICH PROTESTIERE ENERGISCH. AUßERDEM SOLL ICH HIER NICHT VERSUCHSKANINCHEN SEIN, SONDERN DEIN PHILOSOPHIELEHRER!
DANN KOMM RÜBER MIT DER FORTSETZUNG, DENN KOMMANDANT FREUD SEGELT SCHON WIEDER IN DEN TIEFEN DES UNBEWUSSTEN.
JA, HM!
ZURÜCK ZU DEN BRUSTWARZEN!
NEIN!
ZURÜCK ZUM THEMA BUSENFREUNDIN.
NEIN, COUSINE!

PRRRRRUuussSTHIHIHI JUUUAAA HA HA HA!
DU LACHST, SOFIE.
BUMM
HOPPLA!
KNALL
KLIRR
ICH ...
DIESE FEHLLEISTUNGEN SIND GEWOLLT!
UNFREIWILLIG VERANSCHAULICHE ICH DIE BEDEUTUNG VON FREUDS THEORIEN.
HM!
JA, JA, ALBERTO.
IN DER FOLGE ...
... FAND FREUDS PSYCHOANALYSE IN PSYCHIATRISCHEN KREISEN, ABER AUCH IN KUNST UND LITERATUR ENORME RESONANZ.
SCHRIFTSTELLER UND MALER VERSUCHTEN NUN, FÜR IHRE EIGENE KREATIVE ARBEIT UNBEWUSSTE KRÄFTE ZU NUTZEN. DAS GILT VOR ALLEM FÜR DIE SURREALISTEN.

ANDRÉ BRETON, DER PAPST DES FRANZÖSISCHEN SURREALISMUS, VERÖFFENTLICHTE 1924 DAS ERSTE „MANIFEST DES SURREALISMUS" UND ERKLÄRTE ...
DIE KUNST MUSS DEM UNBEWUSSTEN ENTSPRINGEN!
KLACK KLACK KLACK
DIE SURREALISTEN VERSUCHTEN, SICH IN EINEN ZUSTAND ZU VERSETZEN, IN DEM DINGE WIE VON SELBST ZU IHNEN ZU KOMMEN SCHIENEN.
WIR SETZEN UNS VOR EIN BLATT PAPIER UND SCHREIBEN AUF, WAS UNS IN DEN SINN KOMMT.
DAS NENNE ICH AUTOMATISCHES SCHREIBEN!
WAS IST KREATIVITÄT IM GRUNDE GENOMMEN ANDERES ALS DIE INTELLIGENTE ZUSAMMENARBEIT VON FANTASIE UND VERNUNFT?
OFT ERSTICKT DIE VERNUNFT DIE FANTASIE, UND DAS IST SCHLIMM!
DENN OHNE FANTASIE LÄSST SICH NICHTS WIRKLICH NEUES SCHAFFEN.
BLUBB

DIE FANTASIE ENTPUPPT SICH IN GEWISSER WEISE ALS DARWINISTISCHES SYSTEM.
ECHT?
JA! DER DARWINISMUS ZEIGT, DASS DIE NATUR BLOß EINE UNUNTERBROCHENE ABFOLGE VON MUTANTEN IST, VON DENEN NUR DIE WENIGEN ÜBERLEBEN, DIE DIE NATUR GENAU IN DIESEM MOMENT GEBRAUCHT HAT!
UNSER BEWUSSTSEIN WIRD VON GEDANKENMUTANTEN, DIE UNSERE FANTASIE HERVORBRINGT, REGELRECHT ÜBERFLUTET.
UND HIER KOMMT DIE VERNUNFT INS SPIEL. SIE SORTIERT UND WÄHLT AUS, WAS NÜTZLICH IST.
DIE FANTASIE ERSCHAFFT ETWAS NEUES, UND MITHILFE UNSERER VERNUNFT ENTSCHEIDEN WIR, WAS WIR BEHALTEN.

DAS IST EXAKT DIE SITUATION, IN DER WIR UNS BEFINDEN, ALBERTO.
INWIEFERN?
UNSERE FANTASIE MUSS ETWAS NEUES ERSCHAFFEN, UM UNS AUS DIESER SITUATION HERAUSZUHOLEN!
WARTE HIER, ICH MUSS KURZ NACH HAUSE.
WIESO?
AUCH DORT BEFINDET SICH EIN SPIEGEL.
KLACK

TAP
TIP
TIP
TIP

RAAAH!!
DABEI BIN ICH SICHER, DASS HILDE RECHT HAT.
ABER WIE KOMMT MAN HINTER DEN SPIEGEL?
WIE NUR?!
...
Liebes, wir sind im Restaurant am Markt. Kommst Du nach? Mama
RESTAURANT
DRING

Jagesgericht:
- 21 -
Das
20.
Jahrhundert
?!?

AAAAH, SOFIE, WIR HABEN AUF DICH GEWARTET!
AUF MICH?
WARUM?
UM ÜBER DIE PHILOSOPHIE DES 20. JAHRHUNDERTS ZU SPRECHEN. WIR SIND BEKANNTE VERTRETER.
JEAN-PAUL SARTRE.
UND SIMONE DE BEAUVOIR.
WILLKOMMEN IM CAFÉ DE FLORE IM NACHKRIEGS-PARIS.
Das 20. hrhundert
ES IST NICHT EINFACH, DIE VERSCHIEDENEN STRÖMUNGEN ZUSAMMENZUFASSEN.
UND DA WIR VON DER JÜNGEREN GESCHICHTE SPRECHEN, IST ES SCHWIERIG, DIE NÖTIGE DISTANZ ZU HABEN.

DENNOCH GIBT ES EINE ENTSCHEIDENDE STRÖMUNG, UND ZWAR
DEN …
EXISTENZIALISMUS
DER BEGRIFF UMFASST VERSCHIEDENE BEWEGUNGEN, DIE IHREN URSPRUNG IN DER EXISTENZIELLEN SITUATION DES MENSCHEN HABEN.
HM, HM!
DAS IST NIETZSCHE.
HM.
NIETZSCHE, EIN DEUTSCHER, GEBOREN 1844. UND OBWOHL ER IM JAHR 1900 STARB, SPIELTE ER FÜR DIE PHILOSOPHIE DES 20. JAHRHUNDERTS EINE SCHLÜSSELROLLE.
ER GLAUBTE, DAS CHRISTENTUM UND DIE PHILOSOPHISCHE TRADITION HÄTTEN SICH VON DER REALEN WELT ABGEWENDET, UM DEN „HIMMEL" ODER DIE „WELT DER IDEEN" AUFZUZEIGEN. FÜR IHN WAR DAS, WAS MAN ALS DIE REALE WELT AUSGEBEN WOLLTE, NUR EINE SCHEINWELT!

BLEIBT DER ERDE TREU UND GLAUBT DENEN NICHT, WELCHE EUCH VON ÜBERIRDISCHEN HOFFNUNGEN REDEN.
FÜHRT ER OFT SELBSTGESPRÄCHE?
ER WAR EIN GROßER EINZELGÄNGER.
ER HAT SEIN GESAMTES WERK ZWISCHEN SEINEM 35. UND 45. LEBENSJAHR GESCHRIEBEN, DANACH WURDE ER SEHR KRANK UND GING KAUM NOCH AUS.
„GOTT IST TOT", SOFIE!
ICH GLAUBE, DU SOLLST DICH ZU IHM SETZEN.
DAMIT MEINE ICH NICHT, DASS NIEMAND MEHR AN GOTT GLAUBT, SONDERN DASS UNSERE WERTE NICHT MEHR AUF DEM GLAUBEN BERUHEN.
DABEI SIND UNSERE MORALVORSTELLUNGEN IN DER WESTLICHEN WELT EIN JÜDISCH-CHRISTLICHES ERBE.
VERLIEREN WIR UNSEREN GLAUBEN, BRICHT DAS SYSTEM ZUSAMMEN.
WIR ERLEBEN SOMIT EINE ABWERTUNG HÖHERER WERTE WIE GERECHTIGKEIT, FREIHEIT UND MORAL, UND DIE FOLGE DAVON IST NIHILISMUS.

ES GIBT ZWEI FORMEN VON NIHILISMUS.
PASSIVER NIHILISMUS
DER PASSIVE NIHILIST KANN IM LEBEN NICHT ALLZU VIEL SINN ERKENNEN. ER FRAGT SICH: „WOZU DAS GANZE?" ER IST EIN PESSIMIST.
DIESEN NIHILISMUS MUSS MAN BEKÄMPFEN.
AKTIVER NIHILISMUS
ABER WENN GOTT TOT IST UND WIR UNSERE WERTE VERLIEREN, DANN WERDEN WIR SIE DURCH ETWAS ANDERES ERSETZEN. DAS IST AKTIVER NIHILISMUS!
ICH GLAUBE, DASS JEDES WESEN VON EINER INNEREN ENERGIE ANGETRIEBEN WIRD. DEM WILLEN ZUR MACHT, ZUR ÜBERWINDUNG SEINES SEINS.
DIE VERKÖRPERUNG DIESES WILLENS ZUR ÜBERWINDUNG NENNE ICH DEN ÜBERMENSCHEN.
DER ÜBERMENSCH IST EIN SEHR KONKRETES IDEAL, DAS IN JEDEM MENSCHEN STECKT.
WEIL ER EIN ÜBERMENSCH SEIN WILL, WÄCHST DER MENSCH ÜBER SICH HINAUS. GENAU DAS MACHT IHN FÜR MICH ZUM MENSCHEN.
MAN SOLLTE SEIN LEBEN SO LEBEN, DASS MAN SICH WÜNSCHT, UNENDLICH LANGE WEITERZULEBEN.
DAS NENNE ICH DIE EWIGE WIEDERKEHR.

VERGISS EINS NICHT, SOFIE: „WAS DICH NICHT UMBRINGT, MACHT DICH STÄRKER."
ETWAS MYSTERIÖS, DIESER NIETZSCHE, ABER BEEINDRUCKEND.
JA, SCHADE, DASS SEINE GEDANKEN MANCHMAL FEHLGELEITET WURDEN.
ICH, SARTRE, HABE VON 1905 BIS 1980 GELEBT.
ICH BIN SO ETWAS WIE DER FÜHRENDE KOPF DER EXISTENZIALISTEN.
MEINE PHILOSOPHIE STAMMT AUS DEN 1940ERN, VON NACH DEM KRIEG.
ICH STAND DER MARXISTISCHEN BEWEGUNG NAHE, GEHÖRTE ABER KEINER PARTEI AN! UND ICH GEHÖRE ZUM ATHEISTISCHEN ZWEIG DES EXISTENZIALISMUS.
WIR EXISTENZIALISTEN HABEN KEINEN ANDEREN AUSGANGSPUNKT FÜR UNSERE ÜBERLEGUNGEN ALS DEN MENSCHEN SELBST.
MEINE PHILOSOPHIE IST EINE SCHONUNGSLOSE ANALYSE DER SITUATION DES MENSCHEN NACH GOTTES TOD. DAS SCHLÜSSELWORT LAUTET EXISTENZ.
DER MENSCH IST DAS EINZIGE LEBEWESEN, DAS SICH SEINER EXISTENZ BEWUSST IST.
DIE EXISTENZ GEHT JEDER BEDEUTUNG VORAUS, DIE MAN IHR VERLEIHEN WILL. ANDERS GESAGT: DASS ICH EXISTIERE, GEHT DER FRAGE, WAS ICH BIN, VORAUS, DENN:

DIE EXISTENZ GEHT DEM WESEN VORAUS.
Das 20. Jahrhundert
HiHi …
DAS iST EINER MEINER BERÜHMTESTEN SÄTZE.
UNTER WESEN VERSTEHE iCH DAS, WAS EINE SACHE AUSMACHT, ALSO SEINE NATUR, SEIN SEIN.
ICH GLAUBE ABER NICHT AN EINE ANGEBORENE NATUR, SONDERN DASS SICH DER MENSCH SELBST ERSCHAFFT!
ER MUSS STÄNDIG ENTSCHEIDUNGEN TREFFEN UND DARF SICH NIEMALS AUF EINE ROLLE FESTLEGEN ODER FESTLEGEN LASSEN.
PFF PFF
SiCH GANZ ALLGEMEIN FRAGEN ÜBER DEN SINN DES LEBENS ZU STELLEN, IST SINNLOS, WIR MÜSSEN IMPROVISIEREN.
UND WIR ALLEIN ENTSCHEIDEN, WIE WIR LEBEN WOLLEN.
WENN SiCH DER MENSCH ABER SEINER EXiSTENZ UND DES TODES, DER IHN EINES TAGES ERWARTET, BEWUSST WIRD UND KEINEN SINN FINDET, AN DEM ER SICH FESTHALTEN KANN, PACKT iHN DIE ANGST!
KCH KCH

DER MENSCH FÜHLT SICH FREMD, ÜBERFLÜSSIG IN EINER SINNLOSEN WELT. DAS ERZEUGT EIN GEFÜHL …
… VON VERZWEIFLUNG, LANGEWEILE, EKEL UND ABSURDITÄT.
DER MENSCH IST ZUR FREIHEIT VERURTEILT.
UND FREIHEIT IST EINE SCHRECKLICHE BÜRDE!
EINMAL IN DIE WELT GEWORFEN, IST DER MENSCH FÜR ALL SEIN TUN VERANTWORTLICH. ES GIBT KEINE EWIGEN WERTE ODER NORMEN ZUR ORIENTIERUNG. ES GEHT UM ENTSCHEIDUNGSFREIHEIT.
WIR TRAGEN DIE VOLLE VERANTWORTUNG FÜR UNSER HANDELN.
WIE OFT HÖRE ICH:
ICH HABE JA KEINE WAHL! ICH MUSS JEDEN TAG ARBEITEN GEHEN. WIE SOLL ICH SONST WAS ZWISCHEN DIE ZÄHNE KRIEGEN, DAS HAUS ABBEZAHLEN, DAS STUDIUM DER KINDER …

ER BELÜGT SICH SELBST, UM WEITERZUMACHEN!
DIE FREIHEIT DES MENSCHEN DRÄNGT UNS ZU EINEM WAHRHAFTIGEN UND AUTHENTISCHEN LEBEN.
DAS BETRIFFT IN ERSTER LINIE UNSERE ETHISCHEN ENTSCHEIDUNGEN.
ICH BIN DER ANSICHT, DASS DAS LEBEN ZWINGEND EINEN SINN HABEN MUSS. ABER ES LIEGT AN JEDEM SELBST, SEINEM LEBEN EINEN SINN ZU GEBEN.
EXISTIEREN HEIßT, DIE EIGENE EXISTENZ ZU ERSCHAFFEN.
UND FALLS MAN SICH SELBST IN KÄSTCHEN GEZWÄNGT FÜHLT, MUSS MAN DANN DEN MUT HABEN, IHNEN ZU ENTKOMMEN? SICH ENTSCHEIDEN?
JA.
DIE EIGENE EXISTENZ WAGEN?
ABSOLUT!
DIE EXISTENZ GEHT DEM WESEN VORAUS. ICH EXISTIERE, BEVOR ICH EINE COMICFIGUR BIN.

EINS WILL ICH NOCH HINZUFÜGEN. ICH GLAUBE, DASS UNSERE EIGENE EXISTENZ ENTSCHEIDEND BEEINFLUSST, WIE WIR DIE DINGE UM UNS HERUM WAHRNEHMEN.
SCHAU!
DER TYP IST VERLIEBT UND WARTET VERGEBLICH AUF EINEN ANRUF.
UM IHN HERUM HERRSCHT VIEL TRUBEL, ABER ER HÖRT NUR DAS SCHWEIGEN DES TELEFONS.
JA.
SO WIE ICH ALS KIND AM ESSTISCH.
ICH HABE NUR DEN LEEREN STUHL GESEHEN, AUF DEM MEIN VATER GESESSEN HAT, ALS ER NOCH LEBTE.

JETZT BIN ICH DRAN.
AAAAH! ENDLICH EINE FRAU!
DRIIIIINGGG
DIE AUßERDEM NICHT RAUCHT! WIE ANGENEHM.
ICH HABE VERSUCHT, DEN EXISTENZIALISMUS ZUR ANALYSE DER GESCHLECHTERROLLEN HERANZUZIEHEN.
FÜR MICH GIBT ES KEINE WEIBLICHE NATUR, DIE BEWIRKT, DASS DIE FRAU ZWANGSLÄUFIG ZÄRTLICH IST UND SICH IM HAUS VERWIRKLICHT, WÄHREND DER MANN STETS STARK IST UND DIE VERWIRKLICHUNG DRAUßEN SUCHT.
WIR ERZEUGEN SELBST DAS BILD, DAS WIR UNS VON DEN GESCHLECHTERN MACHEN. ALLES KLISCHEES. DAVON MÜSSEN WIR UNS BEFREIEN.

HE, IHR TYPEN!
JETZT HÖREN WIR MAL DER FRAU ZU!
SO GEHT DAS IM 21. JAHRHUNDERT.
HA HAHA HA!
HiHiHi!
SCHAU. DAS IST „DAS ANDERE GESCHLECHT"!
DAS HABE ICH 1949 VERÖFFENTLICHT.
SIMONE DE BEAUVOIR
DAS ANDERE GESCHLECHT
DAS ANDERE GESCHLECHT IST DIE FRAU.
UNSERE KULTUR HAT SIE ZUM ANDEREN GESCHLECHT DEGRADIERT. DA FRAUEN AUF EIN OBJEKT FÜR MÄNNER REDUZIERT WERDEN, ERSCHEINEN NUR DIE MÄNNER ALS SUBJEKTE.
DAMIT BÜßT DIE FRAU DIE VERANTWORTUNG FÜR IHR LEBEN EIN!

UND DIE MUSS ZURÜCKEROBERT WERDEN! DIE FRAU MUSS SICH SELBST ZURÜCKGEWINNEN, DARF IHRE IDENTITÄT NICHT AN DIE DES MANNES BINDEN.
BUMM
DENN NICHT NUR DER MANN UNTERDRÜCKT DIE FRAU. SIE UNTERDRÜCKT SICH SELBST, WENN SIE DIE VERANTWORTUNG FÜR IHR LEBEN NICHT ÜBERNIMMT.
WIE DENKST DU DARÜBER?
JE MEHR ICH IHNEN ZUHÖRE, DESTO ENTSCHLOSSENER BIN ICH, VERANTWORTUNG ZU ÜBERNEHMEN!
RRRR RR RRRRR
KRRRUUUMMMSSS
?!
RR RRRR RRRR RR
ENTSCHULDIGEN SIE DIE STÖRUNG.
PUH

WER IST DIESER TYP?
ÄCHZ
SISYPHOS, EINE FIGUR AUS MEINEM ESSAY „DER MYTHOS DES SISYPHOS". ER ENTSTAMMT DER GRIECHISCHEN MYTHOLOGIE.
ALBERT CAMUS. SEHR ERFREUT!
UND NOCH EIN RAUCHER. ZUM GLÜCK STEHEN WIR DRAUßEN!
ER IST TEIL MEINES „ZYKLUS DES ABSURDEN".
SO NENNE ICH MEINE ARBEITEN, DIE SICH MIT DER ABSURDITÄT DES MENSCHLICHEN DASEINS BEFASSEN.

VON MIR GIBT ES NOCH ZWEI WEITERE ZYKLEN: DEN „ZYKLUS DER REVOLTE" UND DEN „ZYKLUS DER LIEBE".
DER PLAN WAR, JEDEN ZYKLUS MIT EINEM ROMAN, EINEM THEATERSTÜCK UND EINEM ESSAY ZU KONKRETISIEREN.
LEIDER BIN ICH VOR ERREICHEN DES ZIELS BEI EINEM AUTOUNFALL UMS LEBEN GEKOMMEN.
AUSGANGSPUNKT WAR EIN MYTHOS DER GRIECHISCHEN ANTIKE, IN DEM SISYPHOS FÜR SEINEN UNGEHORSAM GEGENÜBER DEN GÖTTERN BESTRAFT WIRD. ER MUSS EINEN STEIN ANHEBEN, IHN DEN BERG HINAUFTRAGEN, IHN HINUNTERROLLEN LASSEN UND DAS GANZE AUF EWIG WIEDERHOLEN.
DIESE STRAFE IST ABSURD. WARUM SOLLTE MAN DEN STEIN HOCHTRAGEN, NUR DAMIT ER WIEDER HINUNTERROLLT?
VERGLEICHBAR MIT DER MENSCHLICHEN EXISTENZ. WARUM LEBEN, WENN MAN DOCH STERBEN MUSS?
IN BEIDEN FÄLLEN IST DER ZWECK ABSURD. SISYPHOS MUSS IMMER WIEDER VON VORN ANFANGEN, UND ALLES, WAS WIR IM LEBEN ERREICHT HABEN, WIRD DURCH DEN TOD ZUNICHTEGEMACHT.
DIE ZENTRALE FRAGE IST ALSO: WARUM NICHT SELBSTMORD BEGEHEN, WENN MAN LETZTENDLICH STERBEN WIRD?

DENNOCH SAGE ICH: „WIR MÜSSEN UNS SISYPHOS ALS EINEN GLÜCKLICHEN MENSCHEN VORSTELLEN."
WARUM?
DAS GLÜCK FINDET SICH NICHT IN DER ERFÜLLUNG. DENN NICHT DAS ZIEL IST WICHTIG, SONDERN DER AKT SELBST, DAS HOCHTRAGEN DES STEINS.
„DER KAMPF GEGEN GIPFEL VERMAG EIN MENSCHENHERZ AUSZUFÜLLEN."
ICH WEIß NOCH NICHT WIE, ABER ICH WERDE MEINE ENTSCHEIDUNG SICHTBAR MACHEN!
UND MIR IST BEWUSST, DASS ES NICHT DARAUF ANKOMMT, ES ZU SCHAFFEN, SONDERN, ES ZU TUN.

?!
ALBERTO, DU BIST GAR NICHT IN DER HÜTTE?
ICH HATTE HUNGER.
SIEH MAL!
DAS IST DER „TEMPEL" UNSERER ZEIT.
DARIN TUMMELN SICH VIELE SCHARLATANE! DIESE BÜCHER HABEN MIT PHILOSOPHIE SO VIEL ZU TUN WIE PORNOS MIT LIEBE.
MEINER MEINUNG NACH UMREIßEN ALL DIESE GROßEN THEMEN NUR EINE LANDSCHAFT, DIE ES NICHT GIBT.
GIBT ES EIN LEBEN NACH DEM TOD?
Die Geheimnisse des Spiritismus
ZELLER
DIE RÜCKKEHR DER GÖTTER
TAROT
VIELES, WAS MIT DEM STEMPEL „NEW AGE" VERSEHEN IST, IST EINE MOGELPACKUNG. DIE „NEORELIGIOSITÄT", DER „NEOOKKULTISMUS", DER „MODERNE ABERGLAUBE" ... SOBALD DAS CHRISTENTUM AN EINFLUSS VERLOREN HAT, SIND DIESE VERMEINTLICHEN HEILSLEHREN WIE PILZE AUS DEM BODEN GESCHOSSEN, UM EINE NEUE WELTANSCHAUUNG ANZUBIETEN.
Das frühere Leben?
Was ist ASTROLOGIE

ICH GLAUBE, DIE MENSCHEN WOLLEN SIE LESEN, WEIL SIE SICH NACH EINER FORM VON „MYSTIK" SEHNEN, NACH ETWAS, DAS ES IHNEN ERMÖGLICHT, DER HARTEN REALITÄT DES ALLTAGS ZU ENTFLIEHEN.
HAST DU VERSUCHT, ZU HAUSE HINTER DEN SPIEGEL ZU GELANGEN?
JA.
KEINE CHANCE.
DIE ENTSCHEIDENDE FRAGE KÖNNTE SEIN: WO WILLST DU HIN, WENN DU HINTER DEM SPIEGEL BIST?
GROMPF
ABER NA KLAR!!!
DU HAST RECHT, DAS IST ES, CAPITO!
TAP
WIR GEHEN ZURÜCK ZUR HÜTTE, UND DORT VERLASSEN WIR DEN COMIC!
HE!
EINE SEKUNDE. ICH ERZÄHLE ES SIMONE DE BEAUVOIR, SIE WIRD STOLZ AUF MICH SEIN!

?!
AAAAH, SOFIE!
WO WARST DU DENN?
SETZ DICH ZU UNS.
BRINGEN SIE BITTE NOCH EIN GEDECK?
ALLES IN ORDNUNG, LIEBES?
JA, JA, ALLES GUT. NUR, DASS ...
DASS WAS?
OHOOOOOOO!!

WAS IST DENN LOS, MEIN SCHATZ?
ICH BIN JEDENFALLS STOLZ DARAUF, SO ENGAGIERTE JUNGE FRAUEN ZU KENNEN!
EIN HOCH AUF DIE JUGEND!
HA HA HA HA!
ENTSCHULDIGUNG. ICH FÜHLE MICH NICHT GUT, ICH MUSS MAL KURZ AN DIE FRISCHE LUFT.
?

ALLES OKAY?
SCHON KOMISCH. AUCH WENN ICH WEIß, DASS ALLES NUR FIKTION IST, NUR PAPIER, EINE KLEINE WELT, DIE ERSCHAFFEN WURDE, DAMIT ICH ETWAS ÜBER PHILO-SOPHIE LERNE, HABE ICH SIE WIRKLICH LIEB.
VIELLEICHT LIEGT ES DARAN, DASS FANTASIEWELTEN MIT ECHTEN EMOTIONEN ER-SCHAFFEN WERDEN?
?
GUT. LASS UNS NACH VORNE SCHAUEN ...
WEIßT DU JETZT, WIE DU UNS AUS DIESEM COMIC RAUSHOLST?
JA! UND ICH BIN MIR MEINER SACHE ZIEMLICH SICHER. AUF ZUR HÜTTE!

22.
HILDE

DADDY!
MEINE KLEINE.
PUUUUHH!

ICH HABE ALLES GELESEN.
ECHT? SCHON?
HAT ES DIR GEFALLEN?
ICH FAND'S TOTAL SUPER!
AH!
UFF!
DANN HABE ICH EINE ÜBERRASCHUNG FÜR DICH.
HIER IST DAS ENDE, ICH HABE DEN COMIC NOCH VOR DER ABREISE FERTIGGESTELLT.
SCHAU HER.
NEIN!
DAS WILL ICH NICHT SEHEN!
?

ICH HABE INTENSIV NACHGEDACHT UND SEHE NUR EINEN AUSWEG.
ACHTUNG!
HOPP!
KLACK
WAS MACHST DU DA?
NIMM DAS GEMÄLDE!
?
TAK
WIR LEHNEN DAS BILD AN DEN STUHL.
SO.
ICH ...
ETWAS GEDULD, ALBERTO!

WARUM WILLST DU DAS ENDE NICHT LESEN?
KOMM, ICH ERKLÄRE ES DIR.
ALSO ...

DAS BILD ZEIGT HILDES WELT.
MEINST DU?
ICH HABE ES IM TRAUM GESEHEN.
LOGISCH.
VERGISS NICHT, DASS HILDES VATER UNSER UNIVERSUM MIT ELEMENTEN AUS SEINER EIGENEN WELT AUSGESTATTET HAT.
NA UND? INWIEFERN HILFT UNS DAS?
ICH WERDE IN DAS BILD HINEINSCHLÜPFEN UND DADURCH SEINE WELT BETRETEN!
?
DAS IST NICHT MÖGLICH.
ICH GLAUBE DOCH! DIE GRENZE ZWISCHEN EINBILDUNG UND REALITÄT IST DURCHLÄSSIGER, ALS MAN DENKT.
ABER ...
DAS IST MEINE ENTSCHEIDUNG!

MOMENT MAL. WENN ICH RICHTIG VERSTEHE, ...
... BITTEST DU MICH, DIE LETZTEN SEITEN NICHT ZU VERÖFFENTLICHEN? SIE NIEMANDEM ZU ZEIGEN?
JA.
ICH WILL NICHT, DASS DU ANDEREN DEINE VERSION AUFZWINGST.
SOFIE WÄRE FÜR IMMER IN DEINEN KÄSTCHEN GEFANGEN.
LASS IHR DIE WAHL.
ENDLICH.

GLAUBST DU, WIR KÖNNEN DORT LEBEN? WIR WÄREN DORT FREIER?
KEINE AHNUNG. ZUMINDEST SIND WIR DANN AUF DER ANDEREN SEITE! DORT IST ES ZWANGS-LÄUFIG ANDERS. DAS IST DOCH VERLOCKEND, ODER?
WENN WIR VERSCHWINDEN, KANN SICH JEDER, DER UNS GERADE LIEST, SELBST AUSMALEN, WIE UNSER ABENTEUER WEITER-GEHT! UND WIR KÖNNEN UNS UNSERE EIGENE VERSION AUSDENKEN!
DIE FANTASIE IST WIE EIN TRAUM: SIE ERZÄHLT UNS VON EINER TIEFEREN WAHRHEIT. UND ICH WILL DIESE WAHRHEIT FINDEN.

SARTRE HAT GESAGT, DASS MAN EXISTENZIELLE PROBLEME NICHT EIN FÜR ALLE MAL LÖSEN KANN.
DASS EINE PHILOSOPHISCHE FRAGE PER DEFINITIONEM ETWAS IST, WOMIT JEDE GENERATION, JA SOGAR JEDE PERSON KONFRONTIERT WIRD.
ALS ICH DAS GELESEN HABE, DACHTE ICH ZUERST, DAS IST JA NICHT SEHR TRÖSTLICH. UND GLEICH DARAUF: GANZ IM GEGENTEIL!
FÜHLEN WIR UNS NICHT GERADE DANN LEBENDIG, WENN WIR UNS SOLCHE FRAGEN STELLEN?
UND WENN ICH RICHTIG VERSTEHE:
FINDET DER MENSCH AUF DER SUCHE NACH ANTWORTEN AUF UNLÖSBARE FRAGEN NICHT NEBENBEI KONKRETE UND ENDGÜLTIGE ANTWORTEN FÜR ALLE MÖGLICHEN ANDEREN PROBLEME?

??
!?!
PLATSCH
PLATSCH
SO ...
HIER MUSS ICH STEHEN.

DAS ERINNERT MICH AN EINEN SATZ DES NORWEGISCHEN PHILOSOPHEN JOSTEIN GAARDER.
„WAR ES NICHT IM GRUNDE DIE VERWUNDERUNG DES MENSCHEN ÜBER DAS DASEIN, DIE IHN SCHLIEẞLICH AUF DEN MOND GEBRACHT HAT?"
ICH FÜHLE MICH GESCHMEICHELT, EINE SO AUFMERKSAME ERSTE LESERIN ZU HABEN. DIE SOGAR IHRE EIGENEN IDEEN ENTWICKELT!
JA! ICH HATTE EINEN SOKRATISCHEN DIALOG MIT DEINEM COMIC, PAPA!
AAAH, MEINE KLEINE.
ICH HOFFE, DIESE KURZE ZUSAMMENFASSUNG DER GESCHICHTE DER PHILOSOPHIE HILFT DIR IM LEBEN UND BEI DER BESCHÄFTIGUNG MIT DEN HEUTIGEN FRAGEN. ZUM BEISPIEL, OB DIE GESCHICHTE AUF IHR ENDE ZUSTEUERT ODER OB WIR VIELMEHR AN DER SCHWELLE ZU EINER VÖLLIG NEUEN ZEIT STEHEN.

?!
ICH BIN HIER, ALBERTO!
...

GLAUBST DU, SOFIE UND ALBERTO SIND DER ERZÄHLUNG WIRKLICH ENTKOMMEN?
WENN JA, WÜRDE ICH MICH ÜBER EIN ZEICHEN VON IHR FREUEN.
REIN AUS NEUGIER.
ZACK
...

EPILOG

ALLES GUT, LIEBES?
JA, ICH DENKE NACH.
KRRRRR
ICH BIN FROH, SO VIEL ÜBER PHILO-SOPHIE GELERNT ZU HABEN …
LETZTENDLICH SIND WIR JA NICHTS ANDERES ALS STERNENSTAUB.
STIMMT DOCH, PAPA?
JA, DIE GESAMTE MATERIE DER WELT IST IM MOMENT DES URKNALLS ENT-STANDEN.
UND AUCH WIR ALLE SIND AUS DIESER GROßEN UREXPLOSION HERVORGEGANGEN.
OB KLEIN, OB GROß. WIR SELBST BIS HIN ZU ALLEN GALAXIEN HABEN DENSELBEN URSPRUNG.

Zabus Nicoby.

Inhaltsverzeichnis

SCHON GELESEN?

1. AUFLAGE 2023

ISBN 978-3-446-27795-3

DREHBUCH: VINCENT ZABUS
ZEICHNUNGEN: NICOBY
FARBEN: PHILIPPE ORY UNTER MITWIRKUNG VON BRUNO TATTI BEI DEN UMSCHLAGFARBEN
NACH DEM ROMAN „SOFIES WELT" © JOSTEIN GAARDER
IM ORIGINAL VERÖFFENTLICHT VON H. ASCHEHOUG & CO. (W. NYGAARD) AS, 1991
IN DEUTSCHER ÜBERSETZUNG ERSCHIENEN IM
CARL HANSER VERLAG GMBH & CO. KG, MÜNCHEN, 1993

AUS DEN FOLGENDEN WERKEN WURDE MIT FREUNDLICHER GENEHMIGUNG ZITIERT:
S. 90 UND 91: JEAN-JACQUES ROUSSEAU, „POLITISCHE SCHRIFTEN. BAND 1: VOM GESELLSCHAFTSVERTRAG".
IN DER ÜBERSETZUNG VON LUDWIG SCHMIDTS © 1995 FERDINAND SCHÖNIGH VERLAG, PADERBORN.
IMPRINT DER BRILL DEUTSCHLAND GMBH
S. 255: JOSTEIN GAARDER, „SOFIES WELT. ROMAN ÜBER DIE GESCHICHTE DER PHILOSOPHIE".
AUS DEM NORWEGISCHEN VON GABRIELE HAEFS © 1993 CARL HANSER VERLAG GMBH & CO. KG, MÜNCHEN
UMSCHLAGGESTALTUNG: FORMLABOR, HAMBURG, UNTER VERWENDUNG
VON ILLUSTRATIONEN VON NICOBY
LETTERING: GÖTZ ROHLOFF – DIE BUCHMACHER, KÖLN
SATZ IM VERLAG
DRUCK UND BINDUNG: PNB PRINT LTD., SILAKROGS
PRINTED IN LATVIA

MIX
Papier | Fördert
gute Waldnutzung
FSC® C084698